じめ問題を
う克服するか

木直樹 Naoki Ogi

岩波新書
1456

はじめに――いま、いじめ問題に向き合う

「いじめは昔からあった」「いじめは人間の本能であり、なくならない」などという言葉をよく耳にします。確かに、人間関係の結び方を学んでいる最中の子どもたちが相手を傷つける言動をとってしまうのは、ある意味、避けがたいことかもしれません。日本に限らず、世界の多くの国でも、いじめは発生しています。

しかし、いじめを苦にして、子どもが自ら命を絶つ悲劇がこんなにも続く日本の状況は、どう考えても異常としか思えません。そのような社会は、子どもにとってはもちろんのこと、大人にとっても安全で安心できる豊かな社会とはいい難いでしょう。

いじめとは、人の生存権に対する重大な侵害行為です。歯止めがきかなければ、やがて重い犯罪行為にまで発展してしまう危険性もあります。いじめる側は、「人権を侵害する加害者」であり、いじめられる側は「人権侵害の被害者」なのです。いじめの被害者が心に受ける傷の深さは想像以上です。生きていくうえでの土台でもある自尊感情を奪われ、長い年月を経てもなお、そのトラウマに苦しめられ、完全に癒されることは難しいのです。対人恐怖症、人間不信などとして、生涯つきまといかねません。また、被害者だけでなく、いじめを止めることの

できなかった傍観者が長く自責の念にとらわれてしまうこともめずらしくありません。

一九八〇年代半ばに、いじめの深刻化が注目されてから、すでに三〇年近くが経ちます。学校などで、深刻ないじめが日常的に蔓延している社会、いじめを苦に子どもたちが相次いで自死する社会、そして、いじめが問題となっているのに、それを放置したままの社会。いまこそ私たちは、いじめ問題に真剣に向き合い、こうした社会のあり方そのものを克服する時期に来ているのではないでしょうか。

本書で詳しく述べるように、いじめ問題の克服は実現可能だと、私は信じています。私は、かつて中学・高校の教師として、その後は自らが主宰する臨床教育研究所「虹」の所長や大学教授として、いじめ問題に長く向き合ってきました。当事者たちの声に耳を傾け、また、講演などで全国の学校や地域を訪れ、教師や子ども、保護者らとも交流してきました。

そして二〇一二年には、滋賀県大津市で、中学二年の男子生徒がいじめを苦に自死した事件(大津事件、二〇一一年一〇月)についての第三者委員会に、ご遺族の意向を受けて、委員として参加しました。委員となり最初に遭遇したのが、事件が起きた中学校の教師や教育委員会など大人への不信感の塊となって苦悩する子どもたちの姿、そしてその声でした。

「尾木ママ、隠蔽されないで！」

校長室前の廊下から聞こえてくる幾重もの低い声に、私は一瞬、我が耳を疑いました。教師たちへの挨拶や学校の視察を終えて帰ろうとする私を生徒たちが取り囲み、すがるように握手を求めてきました。

「尾木ママは絶対に隠蔽されないから、大丈夫！」

私は子どもたちの手を強く握り返していました。本書で述べるように、いじめの事実を隠蔽しようとした学校や教育委員会に対してここまで不信感を強めている子どもたちの姿に、私は自らの役割の大きさを改めて実感させられました。そして、委員の方々といっしょに膨大な時間をかけて、詳細な事実調査を行いました。その結果、今日のいじめがどのような特徴をもっているのか、それを止められない学校と教師、あるいは教育行政の問題点などが、具体的にみえてきました。同時に、被害者の男子生徒の辛さ、無念さを、改めて強く心に刻みました。

こうした私の長年の学校現場での経験や調査・研究の蓄積を通して考えたこと、気づいたこと、そして私がいま読者に伝えたい思いを、いじめ克服の願いとして本書に込めました。

以下、本書の構成について簡単に紹介します。

第1章では、いじめが、これまで日本社会で、どのように問題化されてきたのか、文部省・文科省の対応はどうだったのか、などについて歴史的に振り返ります。そもそも、いじめは日本社会でどのように認識されてきたのかを、まずは押さえておきたいと思います。

第2章では、今日のいじめの特徴について分析します。今日のいじめは、かつてのいじめと比べると、かなり様変わりしています。いじめが起きる背景として、子どもをめぐる環境や、学校現場の変容などについても考察します。

第3章では、先述した大津事件を具体的な事例として取り上げて検証します。第三者委員会によって徹底的な事実調査が行われ、いじめをめぐる様々な問題が詳細に分析・報告されたことは画期的なことです。この事件を丹念に検証することで、なぜいじめが深刻化してしまったのか、どうして学校は止められなかったのか、などが浮き彫りになります。

第4章では、いじめの深刻化を食い止めるために、国や地域、学校でどういう取り組みが行われているのかを考察します。二〇一三年六月に成立し、九月に施行された「いじめ防止対策推進法」の意義と課題、アメリカにおけるいじめ対策の事例、日本での自治体や学校における先進的でユニークな取り組み事例などを取り上げ、いじめ克服へのヒントを探ります。

第5章では、第4章までの分析を踏まえ、いじめ問題を克服するために何が必要なのかを具体的に提言します。あわせて、いじめを単に子どもの世界だけの問題としてとらえるのではなく、社会全体の課題として大きな視点でとらえることの必要性などを説きます。

いじめ問題は必ず克服できます。いまこそ克服を目指して一人ひとりが動く時です。読者のみなさんも社会を構成する当事者として、真剣に考えて力を合わせることができれば嬉しいです。

目　次

第 1 章

繰り返されるいじめ問題

1　いじめはどのように問題化してきたのか

社会問題としてのいじめ問題

二〇一一年一〇月、滋賀県大津市で、中学二年の男子生徒が自死する痛ましい事件が起きました（本書では「大津事件」と呼びます）。大津市教育委員会や学校側は、いじめの存在を認めつつも、いじめと自死との関係性を否定していました。しかし、事件後、学校側が全校生徒を対象に二度にわたって行ったアンケート調査の中に、被害者の男子生徒が「自殺の練習」をさせられていたという複数の記述があったことが発覚。二〇一二年七月に、そのことが報道され、大きな社会問題となりました。

社会全体で、いじめ問題の防止に取り組むことを目的とした「いじめ防止対策推進法」が、二〇一三年六月にようやく成立したのも、この大津事件が注目されたことがきっかけといってもよいでしょう。いじめ問題について、ようやく国が法律を制定して、その対策に取り組む段階まで進んだのは、画期的なことといえます（第4章参照）。大津事件のご遺族の父親が同法の成立について「子どもが法律になったような思い」「魂が吹き込まれ、法律がしっかりとした形になった」と心境を語った(『毎日新聞』二〇一三年一〇月一二日付)のも納得できます。

しかし、逆の見方をすれば、いじめについては、これまでもその時々で深刻な事件が起きるたびに、社会問題化してきたにもかかわらず、残念ながら有効な対策がとられないまま風化し、やがて再び深刻な事件が起きる、ということが繰り返されてきたともいえるのです。

いじめ問題について考えるにあたり、まず、これまでいじめがどのように社会問題化してきたのかを振り返っておきたいと思います。

四つのピーク期

いじめは、これまで大きく三回にわたって、社会問題化してきました。私は、それを第一、第二、第三のピーク期ととらえています。そして、いま述べた大津事件は第四のピーク期に組みこみたいと思います(図1-1)。

この「ピーク期」というとらえ方は、必ずしもいじめの発生件数だけに注目したものではありません。主に社会問題化した時期として考えています。というのも、後述するように、いじめの事実を認めたくないという学校や教育委員会の意図もあり、いじめの発生件数に関する統計数値そのものが、正確にその時の実状を表しているとはいえないからです。また、いじめの定義が変更されるなどで、統計数値にも大きな変更が出たりしています(二〇〇六年からは「発生件数」を「認知件数」として把握し、統計するようになりました）。ただし、いじめが社会問題化することで、隠されていた多くのいじめ事件の存在が表面化することにもつながります。そうしたことなども含めて、図1-1を理解し、参照していただければと思います。

ちなみに、第一〜第三のピーク期については、拙著『いじめ問題とどう向き合うか』（岩波ブックレット）でも解説しました。いじめを考える上で重要な視点ですから、ここでも改めて検証します。

【第一のピーク期】

「第一のピーク期」は、一九八四、五年から八七年ごろのおよそ三、四年間です。この時期に起きた事件としては、八六年二月、東京都中野区の富士見中学二年生の鹿川裕史君がいじめを苦に自死した事件があり、社会に大きな衝撃を与えました。この事件では、「葬式ごっこ」と称して、級友たちが「死んでおめでとう」と書かれた色紙を作成し、担任をはじめ四人もの教師がそれに署名していました。教師もその行為の意味を深く考えることもなく、生徒と一緒にふざけ半分でいじめに参加してしまうという、教師の立場を忘れた実に情けない事態が起きていたのです。

この事件が端的に示しているように、この時期には、いじめがそれほど深刻な問題として認

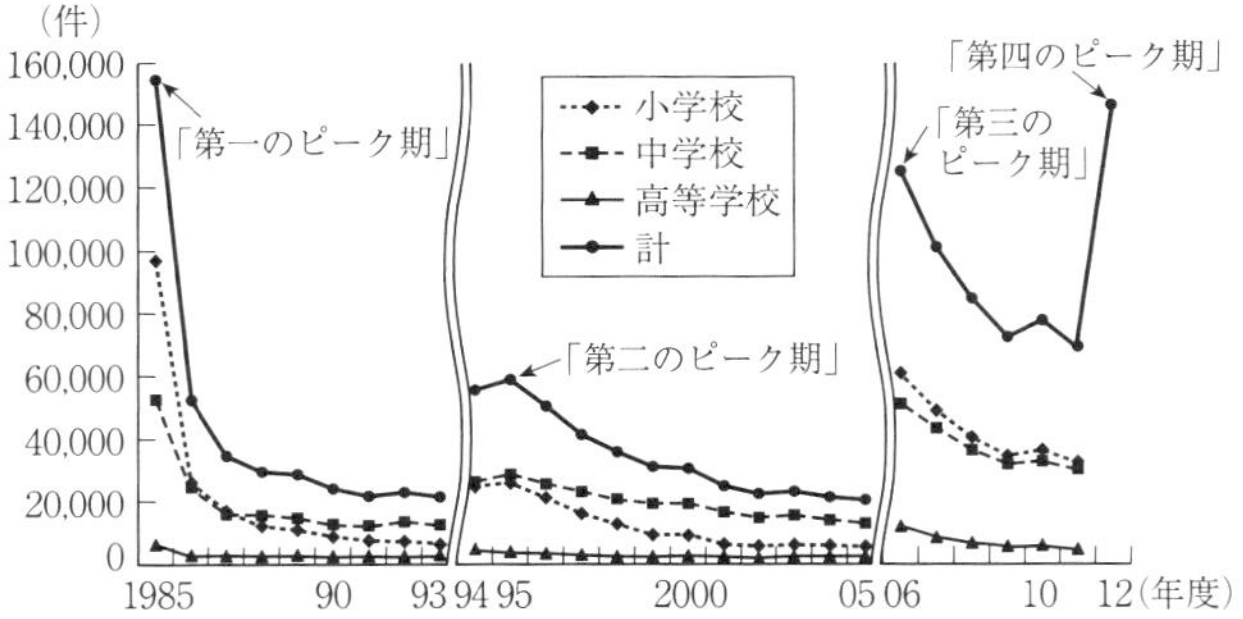

図1-1　いじめ発生件数の推移

注1：1994年度からは調査方法を改めたため，それ以前との単純な比較はできない.
注2：1994年度以降の計には，特殊教育諸学校の発生件数も含む.
注3：「第三のピーク期」(2006年度)以降はこれまでの発生件数から認知件数に切り替わる.
注4：「第四のピーク期」の数値は4〜9月の半年間のみ．144,054件.
出典：文部科学省「児童生徒の問題行動等生徒指導上の諸問題に関する調査」(2011年度)をもとに作成.

識されていませんでした。子どもが自ら命を絶ってしまうほどに人間の尊厳を傷つける深刻な行為であるという認識も希薄だったのです。その当時のいじめをめぐる社会的な言説も、「いじめは昔からあった」「いじめられるほうも悪い」「子どもはいじめを通して、成長する」などといったとらえ方がめずらしくありませんでした(もっとも、こうした見方は、あからさまに表面化することは減りましたが、現在でも根強く残っています)。

　なかでも、鹿川君の両親が学校設置者の中野区と加害生徒の親の責任を問うた裁判における、東京地裁の判決(一九九一年)は象徴的です。その判決文では、「「葬式ごっこ」はいじめというよりもひとつの「エピソード」とみるべきもので、自殺と直結させて考えるべきではない」などと述べており、その当時の日本社会の認識の水準を表しているといえます。

後述しますが、いじめをめぐる教育行政による定義も、何度か変化してきました。この当時の文部省の定義では、いじめは「学校が確認したもの」ととらえていました。つまり、ある行為がいじめかどうかを決める権限は、学校や教師の側にあったのです。仮に、いじめの被害に遭って苦しんでいても、学校や教師が「ふざけ」「けんか」などと判断してしまえば、いじめと認定されなかったのです。いじめの本質をとらえきれていない、あまりにもピントのずれた人権感覚といわざるを得ません。

【第二のピーク期】

「第二のピーク期」は、一九九四年から九六年ごろのおよそ三年間です。この時期に起きた事件として、九四年一一月、愛知県で、当時中学二年生だった大河内清輝君がいじめを受けて自死した事件があります。小学六年ごろから同級生数人によるいじめがはじまり、やがては、多額の現金なども要求され取られるなど、恐喝や暴行といった犯罪行為を伴う、深刻ないじめが続いた末の事件です。大河内君は、遺書を残しており、そこには詳細ないじめの内容が告発されていました。「いつも四人の人にお金をとられていました。そして今日、もっていくお金がどうしてもみつからなかったし、これから生きていても……」「まだ、やりたいことがたくさんあったけど、……。本当にすみません」。そんな文面が遺書には書き残されていました。

こうした衝撃的な事件を契機として、再び、いじめが社会問題として注目されることになったのです。しかし、この時期のいじめに対する社会の認識は、第一のピーク期にみられたような遅れた人権感覚からは、一定程度の前進があったことも認められます。その前進の背景として、一九八九年一一月に国連総会で採決された「子どもの権利条約」の影響が考えられます。日本では、他国に後れて、九四年四月にこの条約を批准し、五月に発効しています。詳しくは、第5章で述べますが、この条約では、子どもを単に保護の対象とするだけではなく、「権利の主体」として、諸権利の行使に参加すべきであるという考えを明確にしています。そして、一八歳未満のすべての者を対象に国が適切な立法・行政措置を講ずることを義務づけています。これは、日本社会における、子どもと親・教師など大人との関係性についての認識を一大転換させる画期的な内容といえます。

いじめに関しても、人権の観点から議論されるようになり、社会全体でいじめを追放しようという気運が盛り上がりました。社会的な啓発活動でも、九五年一一月、元世界チャンピオンのプロボクサーが「いじめ、許さん」と新聞やテレビを通して語りかけたり、九六年九月には、当時サッカーの日本代表のキャプテンとして活躍していた選手が「いじめ、カッコ悪い」と語りかけました（いずれも公共広告機構）。これらに共通していた視点は、「いじめは、いじめる側に問題があり、いじめは恥ずべきもの、許されないもの」と明確にとらえていたことです。

また、いじめに対する具体的な取り組みでも、いじめの早期発見を目的として、各地でいじめ発見のためのアンケート調査が行われたり、各行政単位では、いじめ救済のホットラインが開設されたり、文部省も九六年二月には対策委員会を設置しています。大河内君の事件を契機に、カウンセラーの全国的な配置もはじまったのです。

特に大きな変化は、文部省がいじめの定義を変更したことです。九四年、文部省はいじめの定義を、先述の「学校が確認したもの」から「本人の訴えがあればいじめと確認」すると変更しました。これは、本質的な変更で、大きな前進といえます。当事者がつらいと感じたら、その時点でいじめと認識し、すぐに被害者救済に入らないといけないという意味に切り替わったのです。

このように、第一のピーク期に比べると、いじめの認識、社会的な取り組みに、ある程度の前進がみられました。ただし、教育現場においては依然として、「いじめられるほうも悪い」という考えが根強く残っていたのも事実です。子どもの権利条約に関しても、批准当初こそ注目されたものの、政府はこの内容を社会や、何よりも学校現場に浸透させる努力をほとんどしてきませんでした。学校現場において、いじめに対する誤った認識が残ったり、人権を守る視点が浸透しなかったのも、そうしたことと無関係ではありません。結果、こうした問題の放置が、再び、いじめ問題の深刻化を生むことにもつながっていったのです。

【第三のピーク期】

第三のピーク期は、二〇〇六年ごろにはじまります。〇五年九月、北海道滝川市で当時小学六年生だった女児が七通もの遺書を教卓に残して教室内で首を吊りました。発見が早く、一命をとりとめたものの、その後回復することもなく翌〇六年一月に亡くなりました。遺書には「私が死んだら読んでください」との添え書きが付けられており、クラス宛ての手紙では「私は、みんなに冷たくされているような気がしました。それは、とても悲しくて苦しくて、たえられませんでした。なので私は自殺を考えました」などと記されていたのです。

二〇〇六年には、福岡県筑前町で中学二年の男子生徒がいじめを苦に自死する事件も起きています。一年生の一学期に男子生徒の母親が担任教師に相談した内容を、当の担任教師は無神経にも勝手にクラスメートに話してしまい、それがもとでからかいの対象になったことからいじめがはじまったという信じがたいケースです。さらに、同じ年、新潟県でも中学二年生の男子が、女子生徒の前で級友にズボンを下ろされるなどして、自死しています。このように、いじめを苦にした子どもたちの自死の連鎖が起きたのが、この第三のピーク期の特徴です。

二〇〇六年の一年間に報道されただけでも、いじめ自死は未遂の二件も含めると一二件にものぼっています。この年の一一月には、当時の伊吹文明文部科学大臣宛に「いじめ自殺予告の手紙」まで送付される異様な事態さえ起きました。文部科学省もあわてて、深夜の一二時一五分に緊急記者会見をひらくという、早急な対応に追いこまれたほどです。

第二のピーク期には、不十分ながらも、いじめを人権問題の視点からとらえようとする質的な前進がみられましたが、残念なことに、第三のピーク期では、むしろそうした視点からは大幅に後退することになったのです。つまり、第二のピーク期以降、〇六年ごろの第三のピーク期までのおよそ一〇年の間に、いじめをめぐる認識は大きく後退してしまったのです。

例えば、〇六年当時、いじめ問題の深刻化を受けて、新聞などでも各界の著名人が子どもたちにメッセージを発信する連載企画などが組まれたりしました。著名人がいじめについて気にかけて何とかしたいと考え、子どもたちに直接的なメッセージを発信すること自体は、けっして悪いことではありません。しかし、そのメッセージの方向性や内容が果たして適切なものかどうかは厳しく問われなければなりません。

ある新聞の連載では、いじめられている子どもに向けて、「明るく笑い生きぬいて」「すばらしい瞬間は必ず来る」などというメッセージが目につきました。すなわち、いじめている側に一〇〇パーセントの問題があるという認識が弱く、いじめられている子どもにも問題があるから直しましょうと訴えているのです。これでは、いじめられている子どもを叱咤激励しているようにしかみえません。いじめ自死を何とか食い止めたいという気持ちそのものには深く共感しますが、基本的な認識がずれてしまっているようでは、かえって被害者を追い詰めるだけです。

また、政治の側の具体的な動きとしても、当時の安倍内閣（第一次）に設置されていた教育再生会議の対応の問題が挙げられます。同会議は、〇六年一一月、「いじめ問題への緊急提言」を出しました。そこには、「学校は、子どもに対し、いじめは反社会的な行為として絶対に許されないことであり、かつ、いじめを見て見ぬふりをする者も加害者であることを徹底して指導する」「学校は、問題を起こす子どもに対して、指導、懲戒の基準を明確にし、毅然とした対応をとる」といった〝いさましい〟文言が並びます。しかし、なぜいじめが起きるのか、なぜ学校では対応できないのか、といった原因を深く検証せず、上から目線でどれほど精神主義的な提言を出したところで、あまり意味があるとは思えません。むしろいじめ問題の真因から目をそらす役割しか果たさず、悪影響を及ぼすことのほうが心配です。

この第三のピーク期のころから、社会的に問題視されるようになってきたのは、学校や教育委員会の隠蔽体質です。いじめの存在を認めない、あるいは、認めたとしても、自死との因果関係を否定するなどの対応が、社会的に厳しい批判を浴びるようになってきました。

例えば、先述した滝川市の事件の場合、当時の学校側の調査では、女児は首を吊る直前に行われた修学旅行(八月三一日〜九月一日)のグループ分けで、クラスから仲間外れにされ、所属班を決定するために三回も学級会が開かれたことがわかっています。また、首を吊る四日前には、自死を示唆する手紙を「秘密にしてね」と友だちに手渡していたことも明らかになりました。母親も、学校側が事実をうやむやにしていることに対し、「いじめを認めてほしい」と訴え続けていましたが、市教育委員会は「(遺書にある)無視が即、陰湿ないじめに結びつくとは思わない。遺書の中身自体は学級でよくあること。原因は今も調査中だ」と強弁していたのです。こうして一年間も、学校や市教委は事実を隠蔽しようとしていたのです。さらに、北海道教育委員会にいたっては、遺書のコピーを紛失するなど、子どもの命が犠牲になった事件の事実解明を真摯に行おうとする姿勢さえまったく感じられませんでした。

こうした対応が報道などによって明らかになると、学校や道・市教委に対して全国から四〇〇〇件をも超える抗議の声が殺到しました。学校や教育委員会もようやく事態の深刻さに気付いたのか、「手紙」などといいつくろっていた女児の最後の訴えを正式に「遺書」と認めるなど、改めていじめを認めたのです。その後、教育長や関係者は責任をとって辞職に追い込まれたことはいうまでもありません。

【第四のピーク期】

第三のピーク期で後退してしまった、いじめに対する人権意識、学校や行政の対応のまずさは、二〇一一年ごろ以降、いじめ問題の「第四のピーク期」を生じさせることにつながってしまいました。二〇一一年の大津事件や、二〇一二年九月には、「虫」などと呼ばれ、「エキスがつく」などと言っていじめられた兵庫県川西市の県立高校二年の男子生徒が、自宅トイレで首を吊り自死した事件、同月二六日には、品川区の中学一年の男子生徒が自宅マンションの自室で自死する事件などが相次いで起きています。特に品川の場合、その年の二月にも同じ学校で自死事件が発生しており、深刻な事態といえます。

詳しくは第3章で検証しますが、大津事件でも、学校や市教委は、事実を隠蔽し、それどころか自らの責任を回避するために事実の捏造ともいえる操作まで行っています。

もっとも、こうした対応が社会的に許されるはずがなく、報道によって事件が明るみに出るや、大きな社会問題となったのです。そのため大津市は、二〇一二年八月、事件の事実関係を調査するために、市長付属の機関として第三者調査委員会を設置しました。同委員会は、いじめの実態や、いじめと自死との関連性について詳細な調査を行い、翌一三年一月に調査報告書を提出しています。また、先述したいじめ防止対策推進法が成立するに至ったのも、この時期の大きな前進の一つといえます。

ただし、この事件をめぐって、ネットなどで加害生徒やその保護者・家族らに対する過剰なバッシングが吹き荒れたことは大きな問題です。加害生徒らの実名や顔写真などがネット上に公開され、事実に反する情報や真偽が確かでない噂なども飛び交いました。二〇一二年八月には、大津市の教育長が男子大学生にハンマーで殴られるという許し難い事件まで起きました。いじめを問題視する社会の意識が、安易な加害者バッシングの方向へと暴走してしまったことは、日本社会の人権意識に関する未成熟さを表すものであり、残念でなりません。単なる加害者バッシングでは、いじめ問題は克服できないのです。

大津事件が注目されて以降も、いじめを苦にしたと思われる子どもの自死はやみません。二〇一三年四月には、神奈川県湯河原町の中学二年の男子生徒が自死した事件が起き、同年七月にも、愛知県名古屋市で、中学二年の男子生徒が転落死する事件が起きており、いずれもいじめが原因と疑われています。これらの事件では、それぞれの町・市教委もいじめが原因という可能性を認め、第三者委員会を設け、具体的な調査を行うことを決めました。こうした対応は、大津事件の教訓が活かされ、いじめ防止対策推進法の成立も後押しした結果とみることもできるでしょう。

しかし、いじめを苦に自死する子どもたちがこんなにも後を絶たない現実を前に、いじめとは何か、いじめをどう防止し、いかに克服していくのか、といった本質的な問題を改めて問い直す必要があります。

2　いじめの定義はどう変わってきたのか

「弱い者いじめ」なのか?

「いじめ」と一言にいっても、その定義は、その時々の社会の認識によって大きく変化してきました。この変化は、ある意味、社会のいじめに対する認識や人権感覚の違いを象徴しています。ここでは、文部省・文部科学省の定義がこれまでどのように変遷してきたのか、そこにどのような問題が潜んでいるのかを検証しましょう。

文部省は、一九八五年に、いじめを次のように定義し、公表していました。

「①自分より弱い者に対して一方的に、②身体的・心理的攻撃を継続的に加え、③相手が深刻な苦痛を感じているものであって、④学校としてその事実(関係児童生徒、いじめ内容等)を確認しているもの。なお、起こった場所は学校の内外を問わないものとする」(注:数字は引用者)

この定義には、いくつもの重大な問題があります。第一に、④の「学校としてその事実を確認しているもの」とする部分です。この定義に従えば、被害者が精神的、身体的に苦痛を感じる行為を受けていたとしても、学校が確認しなければ、いじめとされないことになります。こうした条件は、第一のピーク期のいじめ認識と重なっていることがわかります。

第二の問題点としては、①の「自分より弱い者に対して」という条件です。現在でもよく「弱い者いじめ」という言い方がされますが、実際に起きたいじめを丁寧に分析すると、今日のいじめは、必ずしも「弱い者」だけがいじめられているわけではないのです。過去の事件では、通知表の全教科が「5」で、スポーツも万能、明るい人柄で女子生徒からも人気があり、生徒会長を務めていた中学三年の男子生徒が、いじめを受けて自死したケースさえあります。このように「非の打ちどころがない」という人柄そのものが、逆に、いじめのターゲットになることもめずらしくないのです。

また、いじめられているのは「弱い者」と定義することで、いじめの被害者が「自分は弱いからいじめられているのだ」と思いこみ、自ら親に訴えるなど「いじめられている」と声をあげること自体が難しくなってしまうのです。

このように、八五年当時の文部省のいじめの定義は、本質的な問題を含んでおり、そのことが、今日に至る学校や行政などのいじめ対応を歪める一因にもなったのです。

深刻か、継続的か

こうしたいじめの定義には、その後、様々な批判がなされ、文部省は一九九四年にその定義の一部に修正を加えざるを得なくなりました。八五年の定義における④の「学校の確認」がまず条件から外されました。これで、被害者側の視点に一歩近づきました。しかし、それ以外の条件はそのまま残されたのです。①の弱い者いじめという視点の問題性については、すでに指摘しましたが、②と③も依然として大きな問題です。

「継続的に」「深刻な」という言葉はきわめて抽象的であり、判断する者によって、とらえ方も変わってきます。現に、先述した福岡県筑前町の事件では、自殺した男子生徒がみんなの見ている前で〝ふざけて〟スケッチブックに走り書きの遺書を書いた（書かされた）ので、必ずしも「深刻な苦痛を感じている」とは考えられないなどと、学校側は判断していたようです。また、これまでに起きた事例でも、被害生徒の多くは、加害者の報復を恐れて他人には相談しない傾向がありますし、教師などの聴き取りなどに対しても「いじめられていない」「だいじょうぶ」などと否定する場合が多いのです。実際に、いじめの被害を受けている時でも、笑みを浮かべて耐えている場合もめずらしくありません。そうすることで、「大したことない」と自らに言い聞かせ、かろうじて自身のプライドを守るしかすべがないのです。

このような場合、文部省の定義では、「深刻な」とは判断されず、学校側がいじめと認定しない結果になってしまいます。「継続的に」という条件に関しても、仮に二、三日でもいじめ行為がやんでいれば「継続的」とは見なされず、いじめとは認定しないなど、同様の問題が含まれます。

こうした定義に新たな変更が加えられたのが、二〇〇七年のことです。

より実態に近い定義に

先ほど、第三のピーク期で、いじめに対する認識が大きく後退した事実を指摘しました。しかし、いじめ自死の連鎖など、より深刻化する状況に対して、私も含め研究者や社会の側から、問題提起をする声が高まりました。そうした深刻化する状況や、批判の声を受け、文科省も二〇〇七年一月に、ようやく重い腰を上げて、これまでのいじめの定義を抜本的に見直すことになりました。すなわち、いじめとは「当該児童生徒が、一定の人間関係のある者から、心理的、物理的な攻撃を受けたことにより、精神的な苦痛を感じているもの」と被害者の目線に立って大幅に変更したのです。弱い者いじめの視点や、「継続的」「深刻な」などといった表現はすべて削除され、より実態に近いシンプルな定義になりました。第4章でも触れますが、いじめ防止対策推進法の定義も、これを踏まえたものになっています。

このこと自体は歓迎すべきことですが、しかし、これを活かすことができるかどうかは、学校や行政、文科省の実際の運用いかんにかかっています。なぜなら、こうした定義ができた二〇〇七年以降も、いじめの第四のピーク期は発生しているし、しかも、学校や教育委員会の隠蔽体質は温存され続けているからです。

その意味では、文科省が定義の前に付している但し書きは重要です。そこには、「個々の行為が「いじめ」に当たるか否かの判断は、表面的・形式的に行うことなく、いじめられた児童生徒の立場に立って行うものとする」とあります。つまり、文科省の定義にばかり依存して、単に機械的に「いじめか否か」を判断するのではなく、目的はあくまでも、学校や社会が、子どもたちの心身や命を脅かすいじめを防止すること、被害者の立場に立つことであり、いかに克服するかであることを忘れてはなりません。

3　いじめ問題はなぜ風化したのか

教育現場の変化

ここまでみてきたように、いじめ問題は深刻化し、社会問題化して何度か注目されるたびに、それなりの対策がとられながらも、再び深刻化するという現象が繰り返されてきました。つまり、いじめ問題への対策が結果として効果的には機能してこなかったということです。また、社会やメディアの側も、自死など衝撃的な事件が起きると、その時だけ、いじめ問題に関心を寄せて、改革気運が高まりはするものの、やがて熱が冷め、風化してしまうという悪循環に陥っていました。

特に、第二のピーク期から第三のピーク期への移行過程で、いじめ問題への社会的な気運が急速にしぼみ、後退した原因には注目すべきです。その背景を考えてみたいと思います。

この時期、つまり二〇〇〇年前後、教育現場には大きな転機が訪れました。二〇〇一年、小泉純一郎氏は首相に就任すると、即座に「聖域なき構造改革」を打ち出し、あらゆる領域の規制緩和、市場原理主義の導入を急速に進めました。市場に任せて競争すれば、弱いもの、無駄なものが自然淘汰され、必要とされているもの、優秀なものだけが生き残って栄えていく。そのようなまさに「選択と集中」という新自由主義の考え方が、経済だけでなく、あらゆる社会領域に有無をいわせず広がっていったのです。社会的に弱い立場に置かれているのは、自分の努力が足りないからだとする「自己責任」論が急速に広がり力をもったのも、この頃です。

こうした競争原理は、あっという間に教育現場にも浸透していきます。数値目標を掲げ、競争原理を働かせて性急に結果を求める「成果主義」が学校現場を覆い尽くすように導入されていきました。

そうした政策の一つが、「学校選択制」です。従来あった各地域の学区を越えて、生徒・保護者が自由に学校を選択できるとする制度です。各学校が生徒を集めるために競争すれば、それによって各学校の質を上げることができると考えたようです。このやり方は、二〇〇〇年に品川区で最初に導入され、すぐに東京の八〇パーセントを超える自治体に広がり、全国的に実施されていったのです。

二〇〇六年には、安倍政権（第一次）が誕生し、教育再生会議が内閣に設置され、国家主義的な改革と同時に、新自由主義的な改革を教育現場に推し進めていきました。〇七年には、日本全国の小学六年生、中学三年生を対象に行う全国一斉学力テスト（「全国学力・学習状況調査」）が導入され、結果的には、テストの成績による、学校間競争が加速することにつながりました。

さらに、教師に対する業績評価の導入も教育の質を変える重要な問題です。教育委員会や校長が、教師の業績について評価し、それを昇進や給与などにも反映させる仕組みです。二〇〇〇年度から東京都で導入され（人事考課制度）、〇五年ごろから全国に広まっていきました。もちろん、生徒のために奮闘している教師に高い評価を与えるような業績評価ならよいのですが、実態はそうではありません。教育委員会や校長にとって都合の悪い教師を排除していくシステムとして機能したのです。そのため、教師の目線も子どもたちに向けられるよりも、校長や教育委員会など上に気をつかわなければならない環境に変えられてしまったのです。

形骸化する「いじめゼロ」

こうした教育現場の変化は、いじめの対応においても無関係ではありません。つまり、「いじめを半減させる」などという成果主義的な数値目標が掲げられ、性急に成果を上げることが学校現場で求められることになったのです。

例えば、二〇〇三年三月の中央教育審議会（中教審）の答申では、教育施策について「できる限り数値化するなど、達成度の評価を容易に」するとして、具体的な例として、「いじめ、校内暴力の「五年間で半減」」などと述べています。

もちろん、いじめをなくすという目標の方向性自体は間違っていないでしょう。しかし、性急に成果ばかりが求められれば、その対策も形骸化せざるを得なくなります。数値にこだわるあまり、学校や教育委員会は、むしろ、いじめが存在しても認めず、隠蔽することになります。数値目標を達成するために、いじめをなくすのではなく、いじめの存在を否定することが優先されていったのです。また教師も目標達成ばかりに気をとられて、子ども一人ひとりに向き合う余裕を失っていくことになるのです。

しかも、実際に、次のような考えられないことも起きています。一九九九年度から二〇〇五年度までの七年間、いじめを苦にして自死した子どもの数は、文部省・文科省の報告ではずっと「ゼロ」を更新し続けていました。「ゼロ」が疑問視されたのは、先述した北海道滝川市の事件が起きてからです。女子児童が亡くなった〇五年度における文科省のデータはゼロでした。七通もの遺書を残し、いじめの事実が書かれていたにもかかわらずです。

さすがに、こうした矛盾に社会から批判の声が高まり、文科省も改めて調査をせざるを得なくなります。再調査の結果、七年間で一二件のいじめ自死が確認されたのです。

実際に、いじめ自死が起きているのに、なぜゼロだったのでしょうか。それは、学校現場に成果主義が浸透したため、学校や教育委員会が「いじめはあってはならない」「ゼロでなければいけない」として、いじめ自死の存在を認めず、隠蔽していたからにほかなりません。

ここに、いじめ対策が形骸化し、いじめ問題を解決しようとする気運がしぼんでいった背景がうかがえます。

実態の把握に向けて

最近になり、こうした風潮にも、少しずつですが、変化が現れています。大津事件を受けて、二〇一二年九月、文科省は「いじめ、学校安全等に関する総合的な取組方針」を発表しました。その中には「いじめの問題を隠さず、的確な対応に努める学校・教員がきちんと評価されるよう、学校や教員の評価におけるいじめの問題への考え方を示す」とあります。つまり、いじめの存在をしっかりと認めて、実際に対応することに重点を置く方針に切り替えたのです。

この方針を受けてすぐに、東京都教育委員会は都内の公立小中高二二八四校(小学校一三〇四校、中学校六三一校、高校一八九校、特別支援学校六〇校)を対象に、いじめ問題の緊急アンケート調査を実施しました。そこでは、いじめの認知件数と同時に、いじめが疑われる件数も調査されています(二〇一二年七月末時点までの調査)。いじめの認知件数は三五三五件、いじめと疑われる件数は七九七二件となっています。東京都に引き続き、他の自治体でも同様の緊急調査が実施され、文科省が二〇一二年一一月に発表した報告では、四月からの半年間だけでいじめの認知件数は前年度一年間の二倍にも達し、一四万件を超えています。

形骸化した「いじめゼロ」の方針から、より実態に近い調査に変わったことは、大きな前進です。いじめ問題を克服するためには、何よりもまず、いじめの存在をしっかりと認識することが大事だからです。しかも、今日のいじめは、隠蔽しようとする意図がなくても、見つけることが難しい場合も多いのです(第2章参照)。

しかし、先述した学校選択制や教師の業績評価などが存続している限り、学校や教育委員会の隠蔽体質は改善されないのではないか、という心配も残ります。その意味では、小手先のいじめ対応ではなく、学校や教育のあり方も含めた、総合的な対策が求められます。

第２章

いじめが見えなくなるとき
――変わるいじめの構造

かつては、「いじめ」というと、力の強い者が弱い者をいじめているというイメージがありました。「ガキ大将」のような典型的ないじめっ子のタイプ、逆に、典型的ないじめられっ子のタイプといったものです。こうしたイメージは、誰もが想像しやすいものですし、いじめの一般的なイメージとして日本社会に浸透しています。確かに、かつてはこうした形のいじめも少なくありませんでした。しかし、こうした古典的ないじめの形にとらわれることは、今日のいじめを理解するうえで有効ではありません。

今日のいじめは、むしろ、様々な要因が重なって複雑化していることに加えて、その光景があまりにも日常化しているために見えにくく、発見しにくいものになっていることを理解する必要があります。本章では、今日のいじめがどのように複雑化しているのか、「現代的ないじめ」の特徴を検証します。

1　見えにくい今日のいじめ

いじめの「日常化」——第一の特徴

まず、今日のいじめの特徴としてあげられるのは、いじめの「日常化」という側面です。つまり、いじめとは、ある時、異常な行動として突発的に起こるというものではありません。かなり頻繁に、そして日常的・継続的に行われているのです。しかも、特に「荒れた学校」と呼ばれるような特定の学校で起きるものでもありません。どの学校、どの学級でも起こりうるし、実際に起きていてもおかしくないのです。

国立教育政策研究所生徒指導研究センターがまとめた「いじめ追跡調査」という報告書があります（「二〇〇四―二〇〇六」二〇〇九年発表、「二〇〇七―二〇〇九」二〇一〇年発表。以下、国研調査）。これは、二〇〇四年から〇九年の六年間にわたり、首都圏の小学四年生だった子ども約五九〇人を中学三年生になるまで追跡し、いじめの実態を調査した貴重な報告です。この報告書によると、六年間で、いじめ（この場合、「仲間はずれ、無視、陰口」）の被害を受けた経験のある子どもは九〇パーセント（まったくなかった子どもはわずか九・七パーセント）。逆に、いじめの加害経験のある子どもは八九パーセント（まったくなかった子どもは一一・一パーセント）でした。つまり、およそ九割の子どもが六年の間にいじめを経験していたことになります。

同研究所は、二〇一三年七月にも報告書を出しています。そこでも、小四から小六の一一月までの時点で、いじめの被害経験があると回答した児童は八七パーセントに上っています。一方、加害経験も八六パーセントに達しています。

こうした調査結果からは、誰もがいじめに巻き込まれる恐れがあり、誰もがいじめに無関係ではいられないということがよくわかります。すなわち今日の学校では、いじめはきわめて起きやすく、いじめの「日常化」ともいえる現象が広範に広がっていることがわかります。

いじめの「流動化」――第二の特徴

第二の特徴としてあげられるのが、いじめの「流動化」です。かつてのイメージのように特定のいじめられやすい子どもが、常にいじめのターゲットになる状況とは異なり、むしろ誰もが加害者にも被害者にもなる可能性があることが、今日のいじめの大きな特徴です。つまり、被害者と加害者の関係性には「流動性」がみられるのです。

先の国研調査では、二〇〇四年度に中学一年生だった子どもが中学三年生になるまでの間のいじめ被害についても調べています。それによると、「週一回以上」という高頻度でいじめの被害を受けた生徒は、常にある程度(七〜一四パーセント)存在しているにもかかわらず、それが半年後まで続く事例は半分以下でした。つまり、特定の被害者が常にいじめられているわけではなく、必ずしも被害者が固定化されていないということです。

すなわち、誰もがいじめの被害者になりうるし、逆に、誰もが加害者になる可能性がある――すなわち被害、加害関係の「流動化」現象が起きていることが、この調査からうかがえます。

いじめの「透明化」——第三の特徴

第三の特徴としてあげられるのが、いじめの「透明化」という問題です。第一、第二の特徴でみたように、今日のいじめは、どこの学校でも日常的に起こりうる、あるいは起きている問題であり、また、被害者、加害者の関係性も流動化しているのです。

こうなると、従来のような、特定のいじめられっ子がいじめられている場合と違い、学校や親もいじめの存在自体を見つけることが難しくなります。つまり、第一の特徴である「日常化」、第二の特徴である「流動化」の結果、いじめそのものが見えにくく、見つけにくくなるのです。この現象を、いじめの「透明化」と呼ぶことにします。後述しますが、ケータイやLINE(ライン)などのSNS(Social Networking Service の略。人どうしの社会的なつながりをインターネット上で構築するサービス)でつながっていることも第三者には見えないため「透明化」をさらに促し、発見の困難さを加速させています。

このように、今日のいじめの特徴を大きく三つあげながら検証しました。もちろん、今日のいじめが見えにくく、発見しにくいからといって、いじめを見逃して、深刻化させてもやむを得ないということではありません。深刻化する前に早期に発見することは依然として可能ですし、またいじめに発展する前に、いかに防止するかという視点が大切です。このことについては、次章以降で具体的に考察し、提言していきますが、本章では、今日のいじめのあり方について、もう少し考察を進めていきたいと思います。

2 「逃げ場」のない子どもたち

閉じられた友だち関係の中で

子どもたちをめぐる環境の変化は、いじめをますます見えにくくし、しかも、いじめの深刻化を招きやすい条件をつくっています。まず、子どもたちどうしの関係性がどう変化しているのか、そのことが、いじめとの関係でどのような問題を含んでいるのかを検討してみましょう。

かつてもそうですが、いじめの多くは、子どもどうしの「遊び」「ふざけ」から発展する場合が少なくありません。遊び半分で、ふざけてからかっていたり、ちょっかいを出したりしていたことが、やがて被害者に大きな心理的・身体的な負担やダメージをもたらすことになり、それがいじめへと発展していくという流れです。発達・成長段階にあり、人格としても未成熟な子どもたちは、他者との人間関係の結び方そのものを学んでいる最中であり、他者の気持ちをすぐに想像することができないからです。

こうしたいじめに至る基本的な構造自体は、今日においても共通しています。しかし、学校における、子どもたちの関係性が、かつてと現在とではかなり違っているのです。今日、クラスの中では、だいたい、一見すると仲の良い、数人の気が合う子どもたちどうしでつくられたグループがいくつか形成されています。そして、子どもたちの緊密な関係性は、その数人のグループの中で序列を生みながら結ばれています。グループ内の子どもとは活発に交流しますが、グループ外の子どもとの交流は希薄であることが一般的です。

もちろん、かつても「仲良しグループ」というものは存在しました。しかし、子どもたちは、その「仲良しグループ」だけに属するのではなく、そのグループ外にも様々な交流のルートをもっていました。学校が終われば、放課後には、学校のクラスとは別の、地域の異年齢集団の中で遊び、その中で多様な関係性を築いたり、友だち以外にも親や兄弟、あるいは地域の大人など、いろいろな関係性に支えられながら育っていたのです。

しかし、今日では、そうした多様な関係性が少なくなり、学級の中の特定の友だち関係のみが、子どもたちの関係性のほとんどを占めるようになっています。そこには、後述するように、ケータイやインターネットの影響なども顕著になっています。一見すると、「仲良しグループ」にみえるため、その中での「遊び」「ふざけ」が徐々に、いじめという深刻な問題に質的に変化をしていっても、外部からいじめと見分けることには困難が生じます。

しかも、加害者側も、相手に深刻な被害を与えながらも本気で「遊び」「ふざけ」と認識しているケースもめずらしくありません。被害者がいじめを苦に自死するような深刻なケースでも、加害生徒が「遊びのつもりだった」と述懐する事例が少なくありませんが、それは本心であるからこそで、必ずしも、加害生徒が自己弁護をしているだけとは言い切れないのです。

閉じられた関係の中で

こうした子どもたちの関係性の質的な変化は、いじめを見えにくくするだけではなく、いじめの深刻化にもつながる危険性があります。

教育社会学者で大阪市立大学名誉教授の森田洋司氏が一九九七年に、全国の小学五年生から中学三年生の六九〇六人を対象に実施した調査によれば、いじめた子どもの八割は同じクラスの子だったとのことです。また、いじめられる場所は、教室が七五パーセントと圧倒的に多いという結果も出ています（森田『いじめとは何か』中公新書）。

このように、いじめは、閉じられた人間関係の中で起きるものです。逆に、何らかの人間的な関係性が成立していなければ、いじめは発生しません。したがって、いじめが学校の友だち関係の中で起きているという森田氏の指摘は的を射ています。また、私の先の指摘でいえば、閉じられた「仲良しグループ」の中で、いじめが発生するということに重なります。

ただし、先述したように、かつて子どもたちは学校の外で、様々な関係性をつくることができました。学校の関係性だけに閉じていなければ、仮に学校でいじめに遭っても、子どもたちにとっては、まだ「逃げ場」がいくつか存在するわけです。学校でいじめに遭っても、別の集団の中に自分の居場所があれば、そこで自己肯定感を見出し、自分らしさや自信を回復することも可能です。そして、学校とは別の関係性の中で、いじめに遭っているという「ＳＯＳ」を発信することも可能です。

しかし、いま、そうした「逃げ場」が子どもたちから、急速に失われてしまっているのです。「逃げ場」がないため、いじめられていても、その関係性から逃れることができない。こうした子どもたちの人間関係の変化も、いじめが深刻化する理由として見逃すことはできません。

学校的価値観の浸透

子どもたちの「逃げ場」が失われた背景には、子どもたちの関係性の変化に加えて、教育現場の質的な変化が指摘できます。なかでも、第１章でも触れた、二〇〇〇年前後に進められた市場原理主義の教育改革による影響も無視できません。

学校週五日制の実施に合わせて、授業時数を少なくし、地域との連携や体験学習などに主眼を置いた「総合的な学習の時間」（いわゆる「総合学習」）の導入などを柱とした学習指導要領の改訂が、二〇〇二年四月から実施されることが、一九九八年一二月に発表されました。いわゆる「ゆとり教育」と呼ばれる内容です。しかし、この前後から、こうした新学習指導要領の実施によって、子どもたちの学力が低下するのではないか、という危機感が、マスメディアなどを媒介し、社会全体に広がっていきます。

このことについては、これまでも拙著で取り上げてきたので詳述しませんが、本来であれば、単にテスト学力だけではなく、体験に基づいた生きた学力を身につける方向へと、学校の価値観が転換するはずでした。しかし、誤解に満ちた「学力低下論」は、むしろ、学校をより強固なテスト学力偏重へと導いてしまったのです。そして、二〇〇七年に全国一斉学力テストが導入されていったことについては、第1章で述べたとおりです。二〇一一年度に改訂された学習指導要領では、さらに「脱ゆとり」の路線が明確にされています。現在でも、「ゆとり教育」世代というと、「基礎学力や常識に欠けている」といった批判的なとらえ方や取り上げ方がみられますが、これは大きな誤解です。

いずれにしても、こうしたテスト学力の偏重は、子どもたちから放課後を奪っていくことになります。現在、小学生や中学生の子どもたちは、放課後、計算プリントなど膨大な量の宿題に追われたり、あるいは、塾通いに時間を割くようになっています。学校が終わった後の時間でも、テスト学力を身につけるという学校的な価値観が浸透していくことになったのです。

家庭にも学力競争

このようにして、放課後という、学校からの「逃げ場」が子どもたちから失われていきました。同時に、家庭においても、学校的な価値観が浸透してきています。子どもの学力を伸ばすという目的が、家庭の役割として学校と一体化しているのです。

その一例として、首都圏を中心とした中学受験を指摘できます。学力低下への危機感やいじめ問題への不安などから、公立の中学校を避け、私立中学校や近年開校しはじめた公立中高一貫校を目指す動きが増えました。二〇〇〇年から導入されていった学校選択制などの流れも影響しているでしょう。二〇〇〇年、全国の小学六年の中学受験率は一二・五パーセントでしたが、〇八年には一七・七パーセントにまで増えています。特に、首都圏ではこうした動きが顕著で、同じく二〇〇〇年に二三・二パーセントだったのが、〇八年には二五・〇パーセントに達しています（文部科学省「学校基本調査」）。

こうした傾向は、二〇〇八年のリーマンショック以降、多少は減少していますが、結果的に小学校の子どもたちの塾通いを推進することになっています。こうした子どもたちは、学校が終わった後、あるいは土日も、受験のために塾に通い、家族でゆっくりと話をする時間もありません。家庭によっては、子どもの塾通いをサポートすることに家族が必死になって力を注ぐことになります。

本来であれば、学校とは別の視点・価値観で、家庭が子どもに接し、家庭ならではの視点で子どもを育むことが望ましいのですが、そうしたことも難しくなっています。

いじめが深刻化する危険性

放課後が失われ、家庭にも学校的価値観が浸透する。そして、多くの論者が指摘しているように、今日では地域コミュニティも縮小しています。こうした中で、子どもたちは、学校の中だけの友だちとの関係性や学校的な価値観だけに深く依存することになります。

そうした状況では、「仲良しグループ」の中で、いじめが発生しても、子どもたちは「逃げ場」がありません。自分の居場所は、「仲良しグループ」にしかないのです。「遊び」「ふざけ」としてのいじめがエスカレートしていっても、それが見えにくく、「逃げ場」もないような状況では、さらに深刻な事態に陥ってしまう危険が、常につきまとっているのです。

3　子ども社会のＩＴ化といじめ

インターネットといじめ

いじめが見えにくくなり、子どもたちの「逃げ場」がますます失われていく。こうした状況をさらに加速させている要因として、今日においては、インターネットの影響は見逃せません。

現在、インターネットが子どもたちのコミュニケーションの中に深く浸透しています。そのことが、子どもたちどうしの関係に質的な変化をもたらし、また子ども自身の意識にも大きな変化を生んでいます。

もちろん、マスメディアなどでもよく取り上げられますが、メールやインターネットを利用したいじめ(「ネットいじめ」と呼びます)も、様々な形で行われています。いわば、「いじめのIT化」です。これも、今日のいじめの特徴に入れることができます。インターネットが子どもの環境にどのような影響をもたらしているのか、いじめとの関連性で考えてみましょう。

IT社会の中の子ども

インターネットといじめの問題を考えるにあたり、まず、子どもたちの生活空間にどれぐらいIT化が浸透しているのか確認しておきましょう。

二〇一三年一月に発表された内閣府「平成二四年度　青少年のインターネット利用環境実態調査」(満一〇～一七歳までの青少年一八六七人の調査)によると、携帯電話を所有している子ども

(%) 所有率

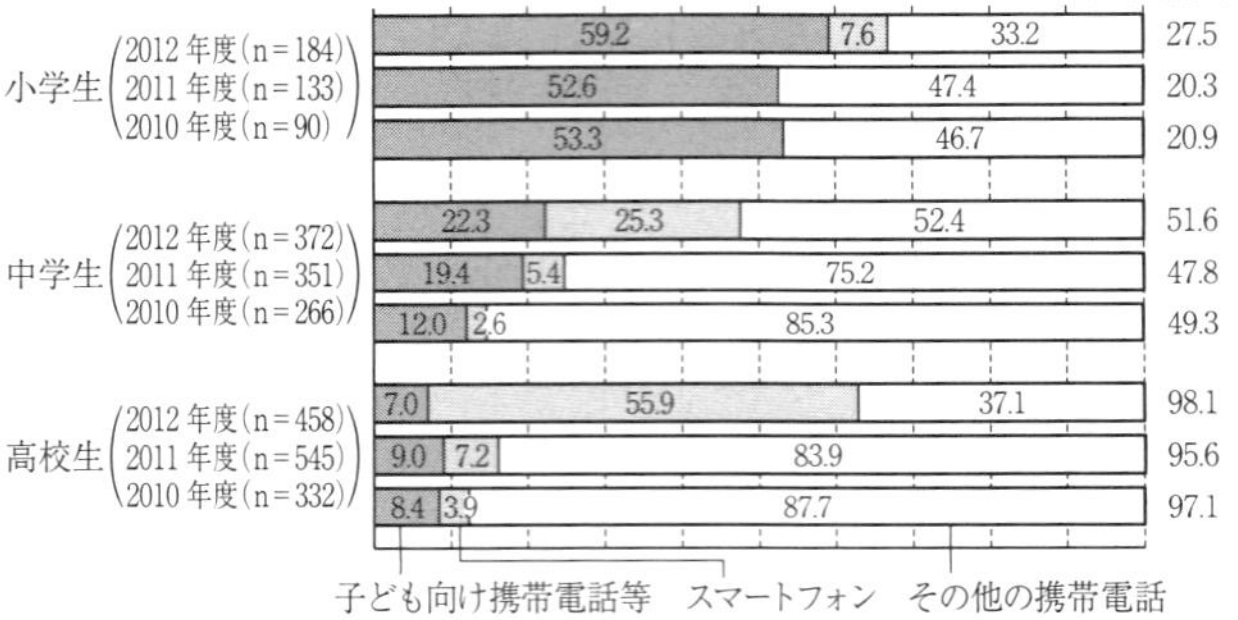

図 2-1　青少年の携帯電話の所有率および所有機種

注:「青少年の携帯電話の所有機種」は, 携帯電話を持っていると回答した青少年をベースに集計.
出典:内閣府「平成24年度　青少年のインターネット利用環境実態調査」(2013年)

の割合は二〇一二年度時点で小学生が二七・五パーセント(二〇一〇年度は二〇・九パーセント、以下同)、中学生が五一・六パーセント(四九・三パーセント)、高校生になると九八・一パーセント(九七・一パーセント)にものぼります(図2-1)。

なかでも注目すべきは、スマートフォンの急速な普及です。スマートフォンは、それ以前の主にメールや通話の機能を中心とした「ガラケー」と呼ばれる携帯電話と違い、パソコンに近い機能を採り入れた「次世代型携帯電話」と呼ばれるものです。インターネットやSNSの利用などが簡単にできる点に特徴があります。

同じく内閣府の調査によると、子どもが所有している携帯のうちスマートフォンの占める割合は、二〇一二年度時点で小学生が七・六パーセント、中学生では二五・三パーセント、一方、高校生は五五・九パーセントに達しています。二〇一〇年度時点で高校生の所有率が三・九パーセントでしたから、スマートフォンが登場して以来いかに急速に子どもたちに普及しているかがわかります。

子どものインターネットの利用状況をみると、携帯電話を所有する子どものうち、小学生で四〇・八パーセント、中学生で七五・三パーセント、高校生では九五・四パーセントとなっています(内閣府調査)。ちなみに、パソコンでのインターネット利用率では、小中高とも九割以上にのぼります。

高まる子どものネット依存

このように子どもたちの間にＩＴ化が浸透するに従い、子どもたちのネット依存が高まっているという調査結果も出ています。厚生労働省の研究班は、二〇一二年度に全国の中学・高校から無作為に選んだ二六四校の生徒約一〇万人を対象に調査を行いました。インターネットの利用について、中高生を対象に全国規模で行った調査は、これが初めてだといいます。

その調査によれば、「使用時間を短くしようとするとイライラする」などネット依存の疑いが強いとされる子どもは、中学生で六パーセント、高校生で九パーセント、中高生全体で八パーセントにのぼります。全国の中高生数で計算すると、ネット依存者は驚くことに約五二万人にものぼると推計されます。

また、依存の疑いのある子どもたちは、日常生活や健康にも様々な影響がみられ、五九パーセントが「睡眠の質が悪い」と答えています。依存していない子どもの二倍近くになります。「午前中に調子が悪い」との回答も、二四パーセントに達しています。依存していない子どもの三倍近くです。

使用時間では、最も長い傾向にあるのが女子高校生で、「平日で五時間以上」の生徒は一五パーセント。男子高校生では一四パーセントでした。中学生の男女はともに九パーセントです。ちなみに、大人の依存率は二パーセントとされ、中高生はその四倍にものぼります。

このような調査結果をみると、子どもたちの間にＩＴ化がいかに急速に進んでいるか、子どもたちのインターネット利用の日常化の実態がうかがえます。しかも、少なくない子どもたちが、日常生活に悪影響をもたらすほどネット依存となっている深刻な状況です。大人の想像以上に、子どもたちをとりまく環境には、ネットの影響が大きくなってきているのです。

ますます逃げ場がなく、見えにくくなる

子どもたちの間にＩＴ化が深く浸透した影響を、いじめの観点からどのようにみればよいのでしょうか。ＩＴ社会とは、二四時間、どこにいてもインターネットやメールなどが利用でき

ることを特徴としています。このことは、学校以外、家や外出先で、いつでも、どこでも、友だちとのメールのやりとりや、インターネットの利用が可能であることを意味しています。

実際、家にいても、親との会話がほとんどなされず、食事中なども、友だちとのメールのやりとりにふけっているといった家庭の光景は、それほどめずらしくなくなってきています。後述しますが、LINEなどのSNSの利用も浸透してきており、こうなると、子どもたちにとっては、閉じられた「仲良しグループ」の関係性が、ますます強固になっていきます。

このような状況の中で、メールなどがいじめの道具として使われると、子どもたちは、ますます「逃げ場」を失ってしまうでしょう。いじめの被害に遭っている子どもにすれば、二四時間、どこにいても、例えば「死ね」などと自分を攻撃するメールが届くかもわかりません。

しかも、「ネットいじめ」の場合、身体に暴力が加えられるいじめと比べて、外からは見えにくいという特徴があります。限定されたメンバーしか見ることのできないSNSの世界であれば、なおさらです。インターネットというヴァーチャルな環境の中で行われるいじめは、実際に行われていても、子どもたちが被害に遭っているのかどうか、簡単には判別ができません。

このようにして、ネットいじめは、子どもたちにとっての「逃げ場」をますます奪っていき、さらにはいじめの実態をますます見えにくくしているのです。

繰り返され、更新されるネットいじめ

これまでも、実際にネットいじめは様々な形で行われ、社会問題化してきました。そして、新たなネット機器、ネット環境が出現すると、また新たな形のいじめが生まれる、ということを繰り返してきています。

まず、ネットいじめとして注目されたものとして、二〇〇〇年代後半に社会問題化した「学校裏サイト」があります。学校の公式ホームページとは別に、生徒が自らサイト(「裏サイト」)を立ち上げ、その中で特定の生徒を誹謗中傷したり個人情報を漏洩させたりなどし、いじめの温床になった問題です。

例えば、二〇〇九年七月、三重県教育委員会が県内の全公立中学校・高校二三六校について調べたところ、非公式な「掲示板」や自己紹介を載せる「プロフ」(「プロフィール」の略称)が全校で見つかったことを発表しています(『朝日新聞』中部版、二〇〇九年八月一日付)。

携帯が普及し、携帯によるメールの利用率が増えると、メールを使ったいじめなども広がっていきます。先述したような暴力的な言葉のメールを送るもの、「いつ、どこに来い」などと命令をして「使い走り」をさせるもの、あるいは、友だちのメーリングリストから、特定の子どものメールアドレスだけ外して、その子にだけにメールを送らないで仲間外れにする、といったものなど多様になっています。

二〇〇四年、長崎県佐世保市の小学校で給食の時間中に、六年生の女子児童が、同級生の首をカッターナイフで切りつけ、殺害するという痛ましい事件が起きました。加害児童と被害児童は、インターネットの掲示板で書き込みをしたり、チャットをしたりする仲でした。加害児童は、犯行の動機について、被害児童に身体的特徴を中傷する内容をインターネットの掲示板に書かれたことを挙げています。これなども、必ずしもいじめ事件ではありませんが、ネットを背景とした、子どもどうしのコミュニケーションをめぐるトラブルが深刻な殺人事件にまで発展した事例として、見逃せません。

新たなネットいじめ

最近では、ＬＩＮＥを使ったいじめが目立ちはじめています。このＬＩＮＥの誤った利用が、子どもたちの生活や人間関係に深刻な影響をもたらしています。ＬＩＮＥとは、スマートフォンやパソコンにダウンロードすることで、無料で通話やメール、チャットができるアプリのことです(ちなみに「アプリ」とはアプリケーションの略で、スマートフォンなどにダウンロードして使用できるソフトウェアのこと)。二〇一一年六月にサービスを開始して以来、急速に利用者が増加し、いまや世界で二億人以上が利用しているといわれます。携帯やスマートフォンを利用している子どもの間にも急速に広まってきています。

「スタンプ」と呼ばれる、ウサギやクマなどのかわいい動物のイラストをメッセージの合間に差し込めるなどの機能も、子どもや若い人たちを引き付けています。実際、日本国内でLINEを利用している人の年齢分布では、一〇〜二〇代の若者の利用が約六割にのぼります（『日経PC21』二〇一三年四月号）。

LINEの普及とともに、それをめぐる未成年のトラブルも目立ちはじめています。二〇一三年二月、山口県岩国市で中学三年の男子生徒が、二年の男子生徒に暴行を加えけがを負わせる事件が起きています。二人はLINEを使ってチャットやメールを行っていましたが、その中での二年生の言葉づかいが悪いと三年生が言いがかりをつけたということです。また、同月には、山形県米沢市で、二一歳の派遣社員が、LINEを使って知り合った女子中学生に淫らな行為をして、県青少年健全育成条例違反の疑いで逮捕される事件も起きています。

通話やメール、チャットが無料で簡単にできるLINEの便利さは、逆に、子どもたちがそれに依存してしまう危険性をともないます。また、短いメッセージなどを簡単に、そして頻繁にやりとりできるため、先述したようにもともと閉じられていた子どもたちの関係性をより強固にし、そしてより閉鎖的な方向へと向かわせる危険性もあります。こうした特徴に、LINEを使ったいじめの性質が表れているといえます。

LINEを使ったいじめとしては、「はずし」「追放」「スルー」などと呼ばれるものが行われています。これは、チャットなどを楽しむためにつくった友だちグループの中で、特定の人間を「気に食わない」として、グループから外したり、その人にだけチャットやメールを送らないといった行為です。そのような行為に遭った子どもは、「自分が嫌われている」と深く傷つき、学校に行けなくなるようなケースもあります。また、ある男子中学生は、文化祭で仮装した写真が勝手にLINEで流され、自分の知らない人にも見られてしまい、しかも投稿画像は自分では削除できないため、ショックで不登校になってしまったという事例もあります。

LINEには、自分が相手のメッセージを読んだことを知らせる「既読」という機能がありますが、これが利用者の子どもたちにとって精神的な負担となる場合も多いようです。「既読」が表示されているのに、返信が送られてこないと、メッセージの送信者は無視されているような錯覚に陥ったり、逆にメッセージの受信者は返信しなければいけないというプレッシャーを感じるのです。ソフトウェア企業のジャストシステムが二〇一三年に行った「大学生のLINE利用実態調査」（大学生七五〇人を対象）では、大学生でも四六パーセントがLINEの利用に疲れを感じているとの結果も報告されています。

思春期の危機とインターネット

インターネットがもたらすいじめの問題は、インターネットを利用したいじめ行為だけに限られません。むしろ、子どもたちがインターネットに依存していく中で、子どもたちどうしのコミュニケーションや、思春期における精神的な発達に「歪み」がもたらされることも心配です。そうした歪みが、相手の身体へ執拗な攻撃を加える、いわば従来型のいじめにもつながっていくケースもあります。

特に、思春期の子どもたちへの影響は心配です。思春期は「疾風怒濤の時代」などといわれるように、誰でも心が激しく揺れ動く時期であり、この時期をくぐりぬけて、精神的にも自立・成熟した大人へと脱皮・成長するのです。ちょっとしたことで、子どもたちどうしのトラブルが起きたり、それに周囲がうまく対応できないと、深刻な状態に陥ってしまう危険性もあります。

だからこそ、非は非とする大人の毅然とした姿勢とともに、彼らのふくらむ自尊心を大切に見守り、主体性に任せる寛容さと、激しい心の揺れにとことん伴走する大人の忍耐強い愛情に満ちた柔軟性が不可欠なのです。

また、子どもたちは大人から離れて不安だからこそ、友だちへの依存を強めていくことにもなります。そのため、こうした時期においては、友だちから離れて一人でボーッとするなど孤独に浸る時間も大切なのです。

しかし、大人とボーダレスな状態に置かれ、子どもどうしだけの関係性が、大人の見えないところで深化していくインターネットの世界では、思春期の子どもたちを健康的に成長させていくことはかなり難しい課題といえます。

ネット・リテラシーの確立を

以上のように、インターネットといじめの問題、インターネットと思春期の問題について考察してきましたが、だからといって、私は、「子どもに携帯をもたせるな」とか、「子どものインターネット利用を禁止しろ」といった極論を主張したいのではありません。そうした小手先の対応では、子どもたちとインターネットの問題は、まったく解決できません。むしろ、形骸化していくだけで、実際の対応を遅らせることにもなるでしょう。

必要なのは、こうした子どもたちに浸透するＩＴ化が与える影響の危険性を、大人や社会がしっかりと認識し、子どもたちに「ネット・リテラシー」をしっかりと身につけさせる教育を学校でも家庭でも行うことです。すなわち、安全に適切に使う方法、自らを危険から守る方法を子どもたちに学ばせることが大切です。

子どもたちの環境がＩＴ化しているのは、何も日本だけではなく、世界的な現象です。しかし、先進国などで、子どもたちにインターネットを利用する目的などを聞くと、「海外の人とつながりたい」「自分で世界の政治について調べたい」「自分の考えを世界に発信してみたい」

などといった答えが返ってきます。つまり、ネットをグローバルな可能性を広げる積極的なツールとしてとらえ、自らの世界を広げるために活用しようとしているのです。学校でも、積極的にネット・リテラシーを含むメディア・リテラシー教育を行い、子どもたちにインターネット利用のあり方について、体験的・日常的に学習させています。

日本の場合、例えばNHKによる「中学生と高校生の生活と意識調査」(二〇一二年、全国の一二～一八歳の男女一一四二人を調査)をみると、子どもたちにインターネット上の人間関係について訊ねた質問では、「人間関係のトラブルが起きやすい」との回答が最も多く(中学生で二六・一パーセント、高校生で三三・八パーセント)、次に「面と向かって言いにくいことも伝えやすい」といった回答が続きます(中学生一七・四パーセント、高校生二八・三パーセント)。他の先進国の例とは違い、インターネットの利用に対する意識が、内向きの人間関係に向けられていることがうかがえます。

携帯やスマートフォン、あるいはアプリなどを開発・販売している業者も、商品開発や販売を営利のためだけに無責任に拡大するのではなく、自らも社会の一員として、子どもたちの利用をどうすべきか、考える責任があるでしょう。そのうえで、例えば、青少年に限っては利用制限を設けたり、利用のしかたやリテラシーを学ぶ学習機会を設けたりなど、大人として、社会としてどう対応すべきか、子どもたちとともに考えていくことも必要です。

第3章

なぜ，いじめは深刻化するのか
——大津事件からみえてきたもの

第1章では、いじめがどのように社会問題化してきたのか、それに対して学校や行政などがいかに対処してきたのか、その経緯を振り返り問題点を指摘しました。第2章では、いじめに対する認識の誤解などを説明しながら、今日のいじめの特徴を分析しました。そして、今日のいじめの背景として、学校や子どもを取り巻く環境の質的な変化などを考察してきました。

そうした検証を踏まえて、本章では、具体的ないじめ事件を取り上げて、いじめがなぜ(被害者がそれを苦に自死してしまうほどに)深刻化するのか、学校や教育委員会がなぜ適切に対応できないのか、などについて考えてみたいと思います。取り上げるのは、すでに第1章でも触れた第四のピーク期に該当する大津事件です。この事件には、今日のいじめがどのようなものなのか、なぜ深刻化するのか、などを考えるうえで重要な要素が含まれているからです。

しかも、この事件では、市長の付属機関として第三者委員会(正式名「大津市立中学校におけるいじめに関する第三者調査委員会」、委員長・横山巌弁護士)が設置され、後述するように、公平・中立な立場から、事件の事実解明が詳細に行われました。その点でも、この事件を検証することは有効です。

また、私自身が、ご遺族の推薦で、この第三者委員会の委員に加わって調査活動を行ってきました。長年、いじめ問題に携わってきた私の経験からしても、この事件は、ここまで学校現場が荒廃してしまったのかと驚かされ、悲しみと憤りを禁じ得ませんでした。そうした視点からも、大津事件をしっかりと検証し、それを踏まえて第4章以降でいじめ問題を克服する方策を具体的に考えていきたいと思います。

1　大津事件の経過を振り返る

まず、大津事件の経過を、第三者委員会が越直美・大津市長に提出した「調査報告書」(二〇一三年一月三一日提出)や、ご遺族の手記(「大津いじめ自殺父　闘いの全記録」『文藝春秋』二〇一三年四月号)、報道(共同通信大阪社会部『大津中2いじめ自殺』PHP新書、二〇一三年)などを参考に振り返ってみましょう。

(1) 事件の発覚と学校・市教委の対応

失われた命

二〇一一年一〇月一一日午前八時過ぎ、滋賀県大津市で、同市の公立中学校に通う二年の男子生徒A君が、自宅マンションの一四階から飛び降りて自死するという、とても痛ましい事件が起きました。遺書などは残されていませんでした。

A君には、姉が二人おり、事件当時、父親と母親は一時的に別居し父親がA君と下の姉と同居していました。近くに別居していたので、A君は頻繁に母親とも会い、交流していました。事件前日の一〇月一〇日にも、母親といっしょに他県まで出かけ、帰りがけには、父親の大好きなビール酵母が入ったパウンドケーキを、父親への土産として購入するなどしています。夜は、父親とテレビを見ながら、ごく普通の会話を交わしています。したがって、A君がマンションから飛び降りたという報告を聞いた父親は、何の予兆も感じられなかったためにまったく信じられず、何も考えられなかったといいます。

いじめが原因？

両親が、A君の自死をいじめが原因ではないかと考えるようになったのは、葬式が終わった後、母親の実家(銭湯を営んでいる)からかかってきた一本の電話によってでした。ある下級生の母親から、「あんなん、いじめ殺されたみたいなもんやで」と聞いたというのです。また、別の保護者からも同様の話を聞いたとのことでした。

父親は、いじめがあったと聞いたことを校長と教頭に報告し、生徒たちへのアンケート調査を行うよう依頼します。このアンケート調査は、いじめ自死事件が相次いだことに対し、文科省が、いじめと疑われる事件が発覚した場合、教育委員会や学校にアンケート調査をさせ、実態解明を進めることを目的に取り決められたものです（文部科学省「子どもの自殺が起きたときの緊急対応の手引き」二〇一〇年三月）。

一〇月中旬、学校側は生徒に対して、アンケート調査を実施しました。そして、一〇月二三日に、両親に、生徒の名前などが黒塗りになったアンケート結果を渡します。そのアンケート調査には、A君がいじめられていたことを伝える生徒たちの生々しい言葉が少なからず、つづられていました。しかも、中には、生徒がいじめを目撃し、教師に伝えたのに、何の対処もしてくれなかったという主旨の書き込みなどもありました。遺族はさらに事実を知りたいと希望し、学校側は、一一月に二度目のアンケート調査を実施しました。ところが、学校側は一二月に入ると、両親に「もうこれ以上、調査をしません」と宣告しました。

実は、のちに第三者委員会の調査で明らかになるのですが、学校と市教委は、事件から三日後の一〇月一四日に、訴訟をにらんだ法的責任について弁護士と相談しているのです。A君にいじめられていた事実があって、その因果関係が証明された場合、市や学校側は遺族から損害賠償を請求される可能性があります。弁護士との相談は、その対策のためと考えられます。A君が命を失った直後から、このように自分たちの責任をいかに回避するかに終始している市教委や学校の姿勢には、事実解明を本気で行おうとする態度はまったくうかがえません。

裁判の場へ

両親は、学校側の協力が得られない中、生徒たちから話を聞くなど、独自に情報収集活動を始めました。そして、二〇一二年二月、大津市および加害者と考えられる生徒三名、その保護者を相手取り、損害賠償を求める裁判を起こします。早々に調査を打ち切り、いじめと自死の因果関係を否定し、事実を解明しようとしない市教委や学校側の姿勢に対して、両親は不信を募らせていきました。亡くなった子どものためにも、子どもに何が起きたのか、事実を解明したい。同様の事件を経験した遺族の多くが強くそう願っているのです。

ところが、「教職員がいじめを目撃しながら見逃してきた」という両親の主張に対して、市側は裁判の場で、「教員の誰が、いつ、どこで、どんないじめを目撃したのか具体的に明らかにせよ」などと居直りの答弁書を出してきたのです。さらには、「誰が、いつ、どんな措置を講じれば自殺を回避できたのか具体的に明らかにせよ」などと、両親に迫る有様です。

「家庭の問題」という虚構

しかも見過ごせないのは、この事件が報道によって一般に知られるようになった二〇一二年七月以降も、同市の教育長は記者会見で「自殺の原因には学校のほか、家庭など様々な要因が考えられ、いじめだけが原因かどうか判断できない」などと述べ、暗に被害生徒の家庭にこそ問題があったかのような発言までしています。学校や市教委も「家庭の問題」という原因に傾斜していった形跡があります。

しかし、後の第三者委員会の調査では、虐待など、自死につながるような「家庭の問題」などは一切存在していなかったことも明らかになっています。第三者委員会の報告書は、「自死の原因となるような家庭問題は存在せず、むしろ学校や市教委が自らの責任を認めたくないがために、「虐待というフィクション」をつくりあげ、それがいじめと自死の関係の解明に重大な障壁になった」と記しています。

こうした点でも、学校や市教委が、事実の解明よりも、「いじめが原因であることを認めたくない」という保身に走った姿勢がうかがえるのではないでしょうか。

第三者委員会の設置へ

この事件が、社会問題として注目を集めるようになったのは、二〇一二年七月四日、共同通信の報道がきっかけです。その記事は、学校が全校生徒に実施したアンケートに対し、一六人が「A君が自殺の練習をさせられていたと聞いた」と答えていた、という衝撃的な内容を伝えたのです。裁判開始から五カ月、A君が命を失ってからすでに八カ月も経っていました。

報道をきっかけに、事件をめぐる状況も一変します。同月には、A君の両親が加害生徒とみられる三人に対する刑事告訴を提出し、滋賀県警が受理をして捜査に乗り出しています。それ以前に、両親は三回も、滋賀県警に刑事告訴の受理を断られていました。警察は中学校を家宅捜査し、段ボール箱一一個にも及ぶ資料を押収しています。この資料は、のちに第三者委員会にも提供されました。

また、越市長も、同月に遺族に謝罪し、市教委や学校の調査が不十分であることを認めました。そして、第三者による調査委員会を設置することを表明しました。この委員会は、八月二五日に設置され、一〇月一一日に条例により市長の付属機関として正式に位置づけられました。学校が行った生徒たちへのアンケートや学級日誌、教師たちの会議録など膨大な資料の精査・分析を行い、さらに教師や教育委員会、スクールカウンセラー、生徒、加害生徒やその両親、遺族など延べ五六人を対象に六二回、延べ九五時間に及ぶ聴き取り調査を行っています。

これまでのいじめ事件でも、事実解明を目的とする第三者委員会が設置されたことはありました。しかし、多くの場合、自治体や教育委員会の意向で設置されるため、両者に都合のよい人選が行われたり、また委員の名前も匿名にするなど、第三者の立場で客観的に事実解明を行うという役割を果たせていないことがほとんどでした。

例えば、ある県で事故が起きたとき、その県に設置されている国立大学の教授が第三者委員会の委員に就任するのが通例です。しかし、国立大学の教職課程に在籍する学生にとって、県や市の教育委員会は自分たちの教員採用試験の合否や就職先に関する決定権を握る権力機構です。ですから、地元国立大学の教授が、学生が将来、お世話になる地元自治体に不利になるような報告などしにくいのです。また、いうまでもなく、地域の人脈や組織とのつながりなどの影響力も小さくないので、公平な立場で調査活動を進めることは困難です。報告書自体がつくられなかったり、委員の名前や調査内容を非公開とする場合も少なくありません。

大津事件の場合は、委員六名のうち、三名は私も含め遺族側が推薦した人が委員に就いています(市側の推薦した委員のうち一人はその後、発足前日に辞任。代わって臨床心理士で大学教授を務める委員が就任)。委員は、弁護士(横山委員長、渡部吉泰副委員長)や大学教授、臨床心理士などで構成され、さらに調査委員として三名の弁護士、一名の大学准教授など総勢一〇名が就いています。

学校や教育委員会などは、事件の当事者でもあり、自らが事実解明を行うことには、どうしても制約がありますし、公平・中立な立場に立つことはきわめて困難です。情報公開を原則として、このように公平・中立な立場で第三者委員会が設置されたことは画期的なことです。この委員会の調査によって、どのようにいじめが発生し、やがて深刻化していったのか、学校側はなぜ止められなかったのか、などが具体的に解明されることになったのです。

(2) いじめはどのように深刻化していったのか

荒れていったクラス

次に、どのようにA君へのいじめが起き、深刻化していったのかを振り返ってみます。

A君と加害生徒のB君、C君は、中学二年の同じクラスでした。ちなみに、両親が加害生徒としてB君、C君のほかに告訴した別クラスの生徒D君について、警察も加害者とみて捜査をしていますが、第三者委員会は、この生徒については、関与が少なく「いじめとは認定しない」と判断しています。このクラス(三六名学級)は、学年がはじまった一学期の当初は、まじめで勉強ができる生徒が多く、成績も学年上位だったようです。ところが、一学期の終わり、六月中旬ごろから生徒たちの「荒れ」が目立つようになります。授業中に菓子を食べたり、携帯型デジタルオーディオプレーヤーで音楽を聴いたりする生徒が現れます。そして、二学期になると、この傾向はさらに強まり、授業中に立ち歩いたり、トイレに出たり、紙飛行機を飛ばしたり、消しゴムのカスを投げ合うといった行為が頻繁に行われるようになります。

例えば、日直の生徒が記入する学級日誌には、こんな記述があります。

「最近、クラスの雰囲気が乱れてきていると思う。その証拠に授業によってはBegin on

Chime（引用者注・チャイムと同時に授業がはじめられるように、生徒が予め席に着くなど準備をしておくこと）ができていない。授業中に寝ている人も前よりかなり多くなっていた。それをしている人は大体同じ人なのでその人たちには注意をしてほしいと思いました。」（六月一七日）
「新聞を紙飛行機にして飛ばさない。Power を出していない人はだす。（後略）」（七月七日）
「社会科、ガラスが割れてあまり集中できなかった」（七月八日）

六月以降、このクラスの荒れが進行し、かなり異様な状況になっていたことがうかがえます。実際、このクラスのある生徒は、自分のクラスではまともに授業が受けられないので、他のクラスに行って授業を受けていたほどです。

こうした中で、A君へのいじめは教師がいる授業中でさえ平然と行われていましたが、クラス全体が荒れていく中で見えにくくなっていったのです。第2章で、今日のいじめの特徴として掲げた「いじめの「透明化」」現象が起きていたのです。生徒や教師がいる中でさえ、いじめが行われていること、すなわちいじめが「透明化」し、誰も止めてくれないことに、A君はどれだけ絶望したことでしょうか。

仲良しグループとして

A君は、誰とでも親しくなれる、優しく明るい性格の子どもだったようです。小学生のときには、学童保育で、下の学年の子どもとも分け隔てなく遊んでいる姿が目撃されています。また中学校では卓球部に入り、特に下級生の面倒見がよかったといいます。

A君と加害生徒B君、C君は、当初は同じクラスの仲良しグループでした。一学期の初めごろから、このグループに他の生徒数人も交えて、昼食をとったり、遊んだりしていました。A君とB君、C君は同じ携帯ゲームソフトをもっており、そのゲームをすることで、特に親交を深めていったようです。

夏休みに入ってからは、一緒に花火大会に行ったり、また日帰りでテーマパークへ遊びに行ったりするなど、学校外でも親しく行動をともにしていました。また、B君の家に泊まりに行って、B君の父親の仕事を見学させてもらったりなどもしていました。

「プロレスごっこ」の変化

こうした仲良しグループの関係に変化が現れるのは、二学期に入ったころからです。一学期のころから、他の同級生も交えた男子生徒の間で「プロレスごっこ」が休み時間に、教室や廊下などで行われていました。お互いが向かい合って互いの肩に手を置いて、足払いなどをして相手を倒したほうが勝ちというものです。当初は、いろいろなメンバーで対戦していましたが、次第に体格の大きいA君とB君の組み合わせで行うようになります。

ところが、二学期になると、「プロレスごっこ」は、足払いなどで倒すだけではなく、仰向けやうつ伏せになった状態から抜け出せるかどうか、といったより過激な技に変化していきます。そして、一方的にB君によってA君が攻撃を受けるという関係に変わっていったのです。

九月初旬ごろからは、休み時間にA君は毎日のようにB君からヘッドロックをかけられ、後ろに倒されるなどしていました。A君が嫌がることはありましたが、B君にやり返すことはほとんどありませんでした。そうしたA君の様子を見て、C君は「イライラする。やられているのにニコニコしてうれしがっているみたいで腹が立つ」などと言ったりもしています。

より過激な暴力へ

九月中旬ごろからは、さらに状況が変わっていきます。昼休みや一〇分休みに、B君とC君が、A君に「トイレに行こう」と声をかけて誘い、トイレでA君に暴行を加えるようになります。ここには、他にも数名の生徒がいました。

まずB君やC君が、A君を一発殴り、抵抗しないA君に対して「やり返してこないのか」と挑発します。A君が反応しないのを見て、B君がさらに強く叩き出す。A君も痛いので手を払うなどの抵抗をしますが、A君が殴り返さないとやめないので、A君も手を出す。そして、A君とB君との間で、本気での殴り合いへと発展していく。こうしたことが、A君が泣きそうになるまで続けられたのです。

このように、A君への攻撃はエスカレートしていき、より卑劣で過激な暴力へと向かっていきます。他にも、視力の弱いA君のメガネを外して、それをB君、C君や他の生徒で投げまわしたりすることなども、頻繁に行われていました。

体育大会当日

九月二九日の体育大会当日、A君、B君、C君の他に二人の生徒がいるところで、D君がガムテープをもってきて「拘束ごっこをしよう」と言います。拘束される役を誰がやるか、ということになり、A君は「別にいいよ」と断りませんでした。B君、C君、D君は、A君を鉢巻でしばり、通路の柵に後ろ手に結び、口にガムテープを貼りました。さらに、ガムテープで、ぐるぐる巻きにするなどしています。

また、この日には、同じメンバーでジャンケンをして、負けた者が罰ゲームとして蜂の死骸を食べるということが行われます。最終的に、A君がジャンケンに負けるのですが、A君は罰ゲームを「嫌や」と言って、拒否します。しかし、B君がA君の上に乗って体を押さえつけ、

C君が蜂の死骸をA君の唇に押し付けました。A君は、抵抗しながら、唇の上に乗せられた蜂を吹き飛ばしました。

「自殺の練習」の強要

そして、一〇月初旬には、B君は廊下の窓の枠に座って、窓と壁を両手でつかんで身体を窓の外にそらすような格好をとり、傍にいたA君に向かって「自殺の練習をするから早よせいよ」と笑いながら言いました。C君も傍で笑いながら見ていました。A君は何度も「嫌や」と言い、やがてB君は真顔になって「もういい」とキレた様子でその場を立ち去っています。

別の日にも、教室の窓枠にB君が座り、A君に対して「やらな殴るで」と言って強要しています。A君は「ほんま無理やから」と断っています。

ちなみに、学校のアンケートに「自殺の練習をさせられていた」と書き込んだ生徒がおり、これが報道で明らかになって、この事件が社会的に大きく注目されるようになったのです。ただ、正確には、実際に「自殺の練習をさせられていた」というより、「自殺の練習をするように強要されていた」のです。しかし、こうした強要をすること自体が、死の恐怖を感じさせる深刻ないじめ行為であることは疑いの余地がありません。

さらに、A君が自ら命を落とす数日前の一〇月七日には、教室でB君、C君に「死ね。お前の家族全員死ね」などの言葉を浴びせられたり、また八日は、C君、D君がA君の自宅を訪れ、A君の部屋を荒らし、彼の財布を隠すなどしています。

このように、いじめが日常化して急速に過激化し、より悪質になっていく中で、ついには安心の砦であるはずの自宅にまで迫ってきたとき、A君は逃げ場を失い、絶望的な気持ちになっていったのではないでしょうか。

(3) いじめを止められなかった教師

教師は気づかなかったのか

このように、学校において、A君に対する暴力が深刻化していく状況を、教師の側は本当に見抜けなかったのでしょうか。先述したように、二学期以降、A君のクラスが荒れていき、A君へのいじめが目立たなくなっていったこと、つまり「透明化」していったことは事実です。しかし、第三者委員会の調査からすれば、教師はA君へのいじめに気づいていたといわざるを得ません。あるいは、気づかなければおかしいぐらい、見つける機会はあったのです。なのに、結果として適切な対応ができなかったのです。

こうした状況は、学校におけるいじめが深刻化していく他のケースなどともかなり共通しています。以下、具体的に検証してみたいと思います。

担任の教師

Ａ君のクラスの担任の教師は、四月に別の中学校から異動してきたばかりでした。生徒や他の教師からは、まじめで授業がわかりやすく優しいという評価がある反面、毅然としておらず、迫力もないという見方も一部の生徒からはあったようです。生徒に対して注意をするときでも、毅然としない。厳しく叱らなければいけないような場面でも、「やめときや」と軽い注意で終わってしまうこともあったといいます。

また、他の教師によれば、この担任教師は、前任校の生徒との質の違いに戸惑っていたようです。研究者肌でコツコツと積み上げていくタイプとみられていましたが、その一方で、職員室では口数も少なく、一人で問題を抱え込んでいくタイプだったのではないか、という見方をする教師もいます。しかも、二年生全体の生徒指導を担当しており、そのことが、「自分のクラスの問題は自分自身の力で何とかしなければ」という閉じた姿勢を強化させ、逆に情報を共有して解決しようとする姿勢が弱くなったようです。

教師たちは気づいていた

Ａ君に対するいじめ行為は生徒によって目撃され、担任をはじめ複数の教師に報告されていました。あるいは、教師たちも実際にいじめの現場を目撃していたり、また、実際にその現場を目撃しなくても、A君の異変に気づいていました。

九月下旬の休み時間、C君が厳しい表情でA君の顔を拳で殴り、その後、A君を倒して、さらに起き上がろうとしたA君の顔を上靴で踏みつけるという事件が起きます。次の授業で、A君の首のまわりが赤くなっていたので、授業担当の教師が「首どうしたの?」と聞くと、A君は「姉にやられた」と嘘をつきました。

同じころ、授業中、A君の前の席に座っていたC君が後ろを振り向いて、A君の顔にペンでラインをつけ、授業の終わりごろにB君がA君の上に馬乗りになり、C君がA君の顔にヒゲのような落書きをしたこともあります。この時、担任は「やめなさい」と三、四回注意しましたが、それでもやめないので、B君、C君を押さえつけてやめさせました。

先述した体育大会当日(九月二九日)にも、A君がガムテープでぐるぐる巻きにされているのを見て、ある生徒が「助けてあげて」と別の生徒に伝えています。その生徒は、「やりすぎだ」と注意しました。そこに、教師が来たのですが、「なにやってんの」と注意しただけでした。

このように、教師はいじめを目撃したり、A君の異変に気づいていながら、その場面で一応は注意らしき行動をとったり、制止したりはするものの、いじめが継続的に行われているものととらえず、根本的な対処をしていなかったことがうかがえます。

被害生徒に被害をたずねる愚

いじめの深刻化が進む中、教師や学校は適切な対処ができませんでした。なかでも、次にみる一〇月三日と五日の出来事は、そのことを象徴的に表す出来事です。

一〇月三日、五時間目の理科の授業が始まってすぐに、担当の教師はA君のメガネが歪んでいることに気づきました。実は、午前中の一〇分休みの際、教室で、B君がA君の上に馬乗りになり、A君の顔面を何度も殴っていました。見ていた生徒たちはひどいなと思ったものの、どう接していいかわからない状態でした。昼休みにもトイレでB君たちに殴られています。A君のメガネが歪んでいたのは、明らかにそれらのせいでした。

理科の授業中に、B君が「保健室に行きたい」と言い出し、A君も一緒に行くと言って二人で保健室に行きました。保健室の養護教諭は、B君が興奮気味であることが気になり、B君に小声で「どうしたの？」と聞いてみました。B君が「人を殴った。Aを殴った」と言うので、理由をたずねると「Aのしゃべり口調がイライラするから」と答えました。養護教諭は「そういうストレス解消はいけない」と注意をしました。そして、A君、B君に湿布を貼るなど処置をし、そのうえ、B君の態度が気になったので、担任の教師にB君がA君を殴ったことを確認したうえで、指導をしてほしいとメモを作成して、職員室の担任の机に貼り付けに行きました。

理科の授業が終わったあと、やはりA君、B君の様子が気になった理科担当の教師と養護教諭が職員室に赴き、「メモを見て事実確認をして、指導をお願いします」と担任教師に伝えたところ、その担任は「とうとうやりましたか」と返答しています。

放課後、担任はA君を呼び、殴られたのではないかとたずねます。しかし、A君は「B君の手が顔に当たった」と答えたので、「だいじょうぶか」とさらにたずねると、「だいじょうぶ」とA君は答えました。しかし、担任はなぜかB君には、特に何も聴き取りを行っていません。

こうした担任教師の対応は、決定的に間違っています。被害生徒に「いじめられているのか?」とたずねても、多くの場合、被害生徒はいじめられていることを認めません。なぜなら、もし教師にいじめを報告したことが加害生徒に知られてしまえば、報復され、さらに加害がひどくなることが心配されるからです。自分の安全が確かでなければ、被害生徒は、そのことを恐れて口をつぐんでしまいます。また、自ら「だいじょうぶ」「大したことではない」と思い込むことで、何とか、自身のプライドを守りたいという思春期らしい心理も働きます。ひどいいじめに遭っていると認めてしまうと、自分自身の尊厳が傷ついてしまうからです。

いじめられている子どもたちは、親にもその事実を話さない場合がほとんどです。親に迷惑をかけたくない、という配慮なども働くためです。

ですから、被害生徒に「だいじょうぶか」とたずね、被害生徒が「だいじょうぶ」と答えて、根本的な対応をしないというのは、いうなれば、医者が病にかかっている患者に「だいじょうぶか」とたずねて、患者が「だいじょうぶ」と答えたから何も処置をしない、というのと同じようなものです。

ただし、こうした教師の行為は、この担任教師一人に限ったものではなく、多くのいじめ事件でみられがちな対応なのです。なぜそうなってしまうかなどの問題については、後に分析することにします。

いじめではなく、ケンカ？

一〇月五日の出来事も、教師や学校の対応の問題点を考えるうえで、丁寧な検証が必要です。この日の午前中の授業で、教師が黒板に板書している最中、A君の前の席のC君が後ろを振り向いて、A君の新しい筆箱に入っていたペンのインクをつかんで折り、筆箱の中をインクまみれにしてしまいました。A君は服も汚れてしまったため、授業を進めている教師に「トイレに行ってきます」と断ってトイレに行き、雑巾をもってきて汚れた机を授業中に拭いていました。

そんなことがあった同じ日、帰りの会がはじまる前の一〇分休みに、B君がA君、C君などを誘ってトイレに行き、真剣な表情でA君を殴りつけました。その様子を目撃した生徒が、教室にいた担任教師に「A君がやられているから、止めに行ってあげて」と頼んだところ、担任はすでに帰りの会をはじめていて貴重品を生徒に返している最中で、「貴重品を取りに来て」と言うのみで無視。担任が対応してくれないので、この生徒は廊下にいた別の教師に報告し、この教師がトイレに向かいました。

放課後、担任教師はA君、B君を呼び、事情を聞きました。A君は、B君に殴られたことを伝えましたが、それは自分がB君に「殴ってもいいか」と聞かれ、「いいよ」と答えたからであり、自分もB君を殴ったと話しました。B君は、A君の話し方や態度がうじうじして気に食わないので、「殴ってもいいか」とたずねたと話しました。担任は、A君、B君を互いにハグさせ謝罪をさせました。担任は、A君のみを残し、今回のことよりも家庭のことを中心に話を聞きました。A君は、今回のことについて「何とも思っていない」「B君とは友だちでいたい」と答えています。

その後、担任は、A君とB君の双方の親を学校に呼び出して、学年主任と一緒に事情を説明しました。担任は、A君の父親に対して、A君が一方的に殴られていたが、B君に殴り返したこと、生徒たちの間で「いじめだ」と言っている者もいるが、いじめではなく、ケンカであると説明をしました。それ以前に、A君が殴られていたことなどは、父親には一切報告しませんでした。しかし、このような大切な情報は保護者と共有するのが当然です。この一事をもってしても担任の教師としての資質が疑われます。

この日、授業終了後の教師たちが集まった集約会議では、複数の教師がA君に対するいじめがあるのではないかと発言しましたが、それらの意見は採用されませんでした。結局、この会議でも、「ケンカ」という判断が下されてしまったのです。

こうした教師や学校の対応には、いじめを認めたくない、ケンカとして収めたい、という心理が強く働いていたことがうかがえます。加害生徒と被害生徒をハグさせ互いに謝罪させるなどという行為が、どれほどA君を傷つけ、絶望と屈辱感を与えたことでしょうか。表面的な形式さえ繕えば、それでよしとする今日の教育界を象徴するやり方です。

被害者の複雑な心理

繰り返しますが、いじめの被害に遭っている生徒は、いじめの事実を簡単に認めようとはしません。そこには、前述したような複雑な心理が働いているからです。A君の場合も、複数の生徒から声をかけられていますが、その都度、「だいじょうぶ」「訓練や」などと答えています。両親に対しても、迷惑をかけたくない、あるいは、「こんな弱い子どもで申し訳ない」などといった気持ちによって、いじめられていることをなかなか報告しません。

A君の場合、「死にたい」と自分のつらさを他人にほのめかしたことが確認されているのは、二度だけです。例えば、九月下旬、A君は学習塾で友人に対して、「みんなが万引きしようと言っているから止めようと思うけど、Cに殴られる」と打ち明けています。そのころ、同じ友人は、やはり塾で、A君が「おれ死にたいわ」と二、三回口にしているのを聞いています。この友人は「死ぬなよ」とA君に伝えています。この告白でさえ、自分がいじめられているということよりも、万引きという犯罪行為をA君が気にしているように聞こえます。いじめられていることを、自分自身も認めたくないと思う一方で、度重なる被害の中で、人権侵害に対する怒りや、被害を訴えるという意思さえ奪われていったのかもしれません。

学校や教師は、いじめ行為を目撃していたし、明らかに知っていたのです。にもかかわらず、適切な対処をしなかった、あるいは、誤った対処をしてしまいました。被害が深刻化しているのに、誰にも助けを求められない状況で、A君は「希死念慮」を強めていき、絶望し、命を絶ってしまったのではないでしょうか。

2　学校はなぜいじめを防げなかったのか

ここまでみてきたように、学校や教師の不適切な対応、あるいは、A君が亡くなった後も、問題を重視して事実関係を積極的に調査したりせず、自らの責任を回避するために、資料などの隠蔽にとどまらず資料の捏造までして、いじめと自死の因果関係を否定し続けた学校と教育委員会の対応は悪質であり、厳しく批判されてしかるべきでしょう。

しかし、この事件には、他の学校や教師、あるいは教育委員会などの教育行政などにも広く共通してみられる問題点が多く含まれていることも事実です。そして、そうした問題が、日本の学校におけるいじめ問題の対応を遅らせてきたことを考える必要があります。なぜ、いじめ問題が深刻化してしまうのか、なぜ学校はいじめを止められないのか。この節では、この事件の教訓を、そうした広い視点から検証してみたいと思います。

（１）教師にみられる問題

単なる力量不足か？

この事件では、担任教師をはじめとする教師たちの力量不足が目立ちます。いじめを目撃したり、報告を受けたりしていながら何の対処もしない、あるいは、その時々の処理だけで終わらせてしまう。ものごとの本質や背景をしっかり把握して分析しようとしない。しかし、このような教師の力量不足を単に責めるだけでは展望が開けません。なぜ、教師たちがこのような不適切な対応に陥ってしまうのか。そこには、むしろ、日本の多くの教師に共通してみられる問題が潜んでいると考えられます。そして、そうした問題が生じてしまう背景には、日本における学校運営や教育行政のあり方の問題も指摘できます。

なぜ、学校はいじめを止められなかったのか。まず教師の側の問題から考察してみます。

思春期に対する認識不足

第一に、教師の思春期の子どもに対する認識不足を指摘することができます。すでにみたように、事件のあったクラスは、一学期後半から「荒れ」が目立ちはじめ、一気に学級崩壊現象が進行していきます。ところが、こうした状況に担任教師は早期の段階で何ら具体的な対応もせず、なすすべもなく、状況を悪化させるのみでした。

そうした中で、「プロレスごっこ」と称したA君へのいじめは、「遊び」からいじめへと質を転換させていきました。やがて授業中でさえも、いじめられるところまで深刻化していったのです。

こうした一連の経緯からうかがえるのは、教師の側に、思春期の子どもに対する発達論的な視点に基づいた認識が欠けていたという問題です。そのことが、子どもたちの行動の危険性を過小評価し、対応を遅らせる原因になっているのです。そして、気づいたときには、深刻な事態に陥ってしまい、さらに対応を困難にします。

一〇代前半の思春期の子どもたちの場合、心理的にみても心は発達途上です。様々な物事に対する興味・関心が急速に高まる一方、それを抑制する脳の働きは十分とはいえません。そのため、大人よりもずっと速いスピードで依存的傾向に陥ってしまう危険性さえあります。したがって、いじめの場合も、早期の段階で発見して、止めなければ、加害者はますますいじめ行為に対する依存を強め、加害行為をエスカレートさせていく危険性もあります。

多くの男子の場合、思春期ストレスをスポーツなどに打ち込むことによって無意識的にコントロールしているものです。しかし、動物への虐待などと同様に、友だちへの加害行為がストレス解消の手段になってしまうと、加害側の子どもの人格を歪めてしまう心配があります。

今回の事件でいえば、中学二年生の子どもが頻繁に「プロレスごっこ」を行っているような状況は、早い段階で危険視し、止めなければならなかったでしょう。それは、力が互角で、一方的ないじめになっていないからだいじょうぶ、などという問題ではないのです。中学二年生が「プロレスごっこ」に頻繁に興じる光景というのは、ある意味ではあまりにも幼稚であり、異様です。しかし、体がどんどん発達し、体力も余っているような状況では、こうした「遊び」が容易に、暴力的ないじめに転化することは、じゅうぶん考えられます。このことは、第2章で指摘した、今日のいじめの性質とも重なってきます。他者との関係をつくる力が未成熟であるために、「仲良しグループ」の中の「遊び」が、いつの間にかいじめへと転化してしまうのです。

すでにみたように、一〇月三日、保健の養護教諭に対して、B君は興奮した様子で「Aを殴った」「しゃべり口調がイライラする」と話しています。ここには、思春期の子どものもつ危険性がよくうかがえます。「しゃべり口調」が気に入らないことと、A君に度重なる暴行を加える行為との間には、あまりにも大きな飛躍があります。しかし、思春期の子どもの多くが、とりわけ男子の場合は、そうした、自分でも理解できないイライラを抱え込みます。そして、そのイライラを、歪んだ形で解消させてしまうと、そこに依存的になり、さらに歪んだ心理へと突き進んでいくように感じます。

しかし一方で、B君が「Aを殴った」と興奮気味に話している心理を読み解くことも大切です。ここには、A君を殴ったことを正しくない、悪いことだと認識しつつも、自分の力では自らの感情や行為を抑えられないといった苦しい心境を「告白」しているのだとみることもできます。人を殴ったことに対して、必ずしも、平静ではいられないのです。だからこそ、彼の心の奥底の叫びに向き合うことが教師にできていれば、B君の加害行為を止める機会もあったのです。ただし、そのためには、思春期の子どもたちがどのような心理や行動特性を示すのか理解しておく必要があるのです。

思春期の子どもに対して、大人は「駄目なものは駄目」とはっきり言う毅然とした態度も必要です。だからといって、大人の価値観を子どもたちに、上から目線で無理矢理押しつけるというやり方は間違いです。プライドの高い思春期只中の子どもたちの心には通じません。子どもたちは、大人の態度を実に鋭く観察しています。曖昧な態度や体裁を取り繕うような嘘はすぐに見抜かれてしまいます。そして、そうした大人の不誠実な対応は、子どもたちに大人への不信感を植え付け、大人との関係性を壊し、彼らの発達に歪みを生じさせかねません。その意味では、教師・大人は、嘘のない、本音で子どもたちにしっかりと向き合うことが求められます。

一方、被害者のA君側の思春期心理といじめとの関係性についても考察しておく必要があります。彼はなぜいじめを教師や親に訴えられなかったのでしょうか。ここには、すでに述べたように、思春期の男子特有のプライドの問題が潜んでいます。かつての「弱い者いじめ」という見方の影響もあって、自分を弱者だと大人に訴えることに抵抗を覚え、特に親には告白できません。

心理的にみても、親や教師の「権威」や「支配」から脱して「友だちどうしの世界」に依存しているので、〝過去の自分〟には戻ろうとしません。現在の自分にとっては、せっかく築き上げた「友だちどうしの世界」こそ、家族とは違う「心の居場所」なのです。強く依存しているからこそ、いじめられても、そこから逃げようとはしません。むしろ、逃げることができないのです。そうした関係性から脱出することのできる「新たなパワー」をもつためには、豊かな人権意識を子どもたちの中に育てない限り難しいでしょう。

そして実際のいじめにおいては、クラスの中に圧倒的多数としての傍観者がいます。子どもたちの間に豊かな人権意識が育っていれば、その傍観者たちがこの「新しいパワー」を現実のものとして引き出すことができるのです。すでにみてきたように、今回の事件では、クラスの中に、担任に助けてあげてほしいと進言した女子生徒や、授業崩壊の状況にうんざりしていた生徒も存在しました。これらのいわば「批判的傍観者」を、いじめを止める行動者として、担任や学年の教師が上手にリードしていれば、早期にいじめを止めることができたはずです。こうした生徒を多数派に育てていけば、思春期特有の同調圧力がプラスに作用して、いじめをやめさせる力に転換することもできたのです(傍観者の役割などについての分析は、第5章で述べます)。

いじめに対する理解不足

教師の側の第二の問題点として、いじめに対する理解不足があげられます。第2章でもみたように、今日のいじめは、かつての典型的ないじめのイメージとは違い複雑化しています。誰もがいじめられる可能性があり、しかも「仲良しグループ」の「遊び」から発展するケースが少なくありません。相互の関係性が強いからこそ、いじめが発生しやすい構造になっており、こうしたケースが最も多いのかもしれません。

今回の事件でも、当初、A君とB君、C君は学校外でもいっしょに遊ぶ仲の良い友人関係でした。いじめも、当初は仲の良い友人どうしのゲームでの遊びや「プロレスごっこ」といったいわゆる「遊び」レベルから発展して起きています。

いじめが発覚した後の担任教師の対応をみると、この「仲の良い友人関係」という枠組みに安易に安心してしまっていたように感じます。先にみた一〇月五日のケースの場合も、A君、B君の双方に謝罪をさせ、ハグさせて形式的な「仲直り」をさせようとしています。もちろん、ここには、いじめであれば解決のために大変な労力が必要とされるために、できるだけ積極的にはいじめを認めようとしないという教師の側の心理も働いていたことも考えられます。それにしても、「仲直り」させて問題がある程度収まるだろうと考え、A君がさらに追い詰められていくという危険性に想像が及ばなかったとしたら、やはり、いじめと思春期特性に対する理解が不足していたといわざるを得ません。

すでに繰り返し指摘してきたように、そもそも、いじめは一定の関係性がなければ成立しません。むしろ、常に近くにいる友だちという密接な関係があるからこそ、「しゃべり口調がイライラする」といった些細な理由を引き金に、深刻ないじめに発展してしまうのです。学校・クラスのように、人間関係が固定化する空間や集団の中でこそ、いじめは起きやすいのです。

しかも、思春期の子どもは、いまみてきたように、自分の感情をうまく抑制できず、突然、自分でも理解できない衝動に突き動かされ、ひどいいじめを行ってしまう場合もめずらしくありません。被害者の側も「親ばなれ」の心理が強ければ強いほど友だちに対する依存的な傾向に陥り、加害者の暴力から脱出できずに苦しんでしまうことになるのです。

教師は、学校ではいじめが起きやすいのだという前提に立ち、子どもたちの微妙な変化に十分な目配りをする必要があります。なかでも、今回の事件のように仲の良い友人どうしで、何らかのトラブルが起きた場合には、より注意を向ける必要があるでしょう。

いじめ対策の研修の必要性

以上のように、教師側の問題として、思春期特性に対する理解と認識の不足、それといじめに関する心理構造上の理解不足を指摘できます。これらは、教師個人の力量だけに委ねても、問題は解決しません。むしろ、教師になるにあたり、教職科目履修の過程において、思春期といじめの関係性などに関してしっかりと認識させ、どう対応すべきか、といったことの基本を子ども理解や学級運営の観点からも学ばせる必要があります。しかし、日本ではいじめ問題が学習テーマや課題としてあまり重要視されず、教師になる前も、あるいは、教師になってからも、いじめについての実践的な研修はなされていませんし、義務づけられてもいません。

したがって、いざ実際にいじめが発生した場合に、教師はどう対応してよいのか、手がつけられず、思春期の特性に対しても理解が欠如しているために解決を先送りしてしまったり、誤った対応をしてしまいがちです。いじめとは何か、いじめにどう対応するべきか、計画的で内容の充実した研修を義務づけることが必要です。

実際に、全国の小中学校の教師三〇〇人から回答を得たある調査では、児童・生徒からいじめの相談を受けた時に「解決の自信がある」と回答した教師は小学校で四一パーセント、中学校で二六パーセント。一方、解決できるか「分からない」が小学校四六パーセント、中学校六一パーセントと最多でした（いじめ問題の解決に取り組むＮＰＯ法人ジェントルハートプロジェクトが二〇一二年一〇月〜一三年四月に一三都道府県の二三校を対象に実施。二九六人〔小学校一一三人、中学校一八三人〕の教師が回答）。教師のいじめ対応への自信のなさが浮き彫りにされています。

こうしたいじめ対策の研修のあり方については、第5章でも取り上げます。

形骸化するスクールカウンセラー制度

第三の問題点として、スクールカウンセラー制度の弊害があげられます。スクールカウンセラーは、いじめ問題や不登校の生徒が増加していることなどを受けて、一九九五年度より、文部省が研究事業として、「心の専門家」であるスクールカウンセラーの小中学校への配置を進めてきました。二〇〇一年度からは、全国の中学校への計画的配置が目指され、現在では、全国のほとんどの中学校に配置されています。子どもが抱える「心の問題」について、専門家の立場から相談にのり、必要な場合には、独立した外部者の立場から学校に助言やアドバイスなども行います。

ところが、このスクールカウンセラー制度が、形骸化している学校が少なくありません。いじめの防止を大きな役割の一つとして配置されているにもかかわらず、文科省の二〇一一年度の調査によると、実際にスクールカウンセラーが、いじめを発見したケースは、全体のわずか〇・三パーセントにすぎません。というのも、スクールカウンセラーの相談体制は、一校あたり平均週一回で四〜八時間程度といった学校が多いのです。したがって、今日のいじめのように、日常化し、見えにくくなっている問題に対して、限られた時間しか学校にいないスクールカウンセラーが、いじめを認知し、発見することは非常に困難でしょう。実際にいじめられたとき、スクールカウンセラーに相談したという小学生は一パーセント、中学生では三パーセントといったデータもあります(ジェントルハートプロジェクト、二〇一三年調査)。

また、矛盾しているようですが、スクールカウンセラーが配置されていることで、教師が、生徒の心理的・精神的な問題について、あまり目を向けなくなってしまったという問題が生じています。いじめや不登校などの問題が起きると、すぐに「心の専門職」とされるスクールカウンセラーに問題の解決をすべて丸投げするということもめずらしくありません。こうした状況では、教師が子どもたちの心をみつめ、理解する力量はますます低下していかざるを得ません。

そして、このことと関連して特に問題なのは、本来、専門性を持ち、学校から独立し、中立的な立場で子どもたちの「心の問題」に向き合うべきスクールカウンセラーが、学校側の視点に立っている場合が少なくないということです。ひどい場合は、学校の児童・生徒指導組織の一員として組み込まれています。

今回の事件が起きた滋賀県の場合、スクールカウンセラーの多くは、出勤時から職員室に常駐し、生徒ではなく教師からの相談を受ける体制になっていました。スクールカウンセラーの業務が、学校の生徒指導体制下に組み込まれ、教師の仕事を援助ないしは補完するといった性格に変質させられていたのです。

実際に事件後、この中学校に配置されていたスクールカウンセラーは学校側の視点に立ち、いじめと自死の因果関係を否定するような具体的な内容を学校に助言したり、またカウンセリングの情報を学校管理者である市教委に安易に提供した形跡もうかがえます。

本来、スクールカウンセラーは子どもが安心して気軽に相談できる存在であるべきです。そのためには、学校とは距離を置いて、心理の専門家として子どもたちのカウンセリングに徹すべきです。独立的・中立的な立場にあることではじめて、子どもたちや親に安心・信頼を与えられるのです。スクールカウンセラーが職員室に常駐しているようでは、「相談の秘密は守るからだいじょうぶだよ」などと子どもたちに腕を広げてみせても、子どもたちは誰一人飛び込んでこないでしょう。

スクールカウンセラーの専門性・独立性・中立性が失われて形骸化し、しかも、教師が子どもの心の問題をスクールカウンセラー任せにして、子どもの心理をみることを意識しなくなってしまうのでは、本末転倒といわざるを得ません。

(2) 学校現場の変容がもたらした問題

いじめを防ぐ学校の力は？

以上のように教師たちの認識不足による対応のまずさが、今回のいじめ事件でも顕著にうかがえます。ただし、このような教師の側の問題が生じる背景として、第1章や第2章で指摘してきた、教育現場や学校を取り巻く環境の変容も見逃せません。

すでに第1章で、いじめ問題が風化していった背景として、二〇〇〇年ごろから、学校現場にも市場原理主義的な考えや実践が競争原理を梃子として浸透していったことを指摘しました。そこでは、成果主義、数値目標主義、そして学校選択制などの問題について述べました。今回の事件を検証してみると、これらの問題が、いかに学校現場に大きな影を落とし、いじめの深刻化につながっているかをリアルに理解することができます。

教師の多忙化と同僚性の喪失

今回の事件では、複数の教師がいじめの事実を認識しながらも、それらの情報が教師間で共有され、何らかの対応につながるということはありませんでした。すでにみたように、一〇月五日の教師たちの間で開かれた集約会議でも、数人の教師から「いじめではないか」との声は上がったものの、それらの声に真剣に正面から向き合い、いじめ問題に対応する取り組みはまったく行われなかったのです。遺族が「見殺し」と悔しさを表現したのも理解できます。

ここにみられるのは、教師間の「同僚性」の希薄さです。今日の複雑化したいじめ問題は、担任教師が一人で抱え込んで解決できるものではありません。教師間で気になる生徒の問題について情報を共有し、お互いに連携し〝教師集団〟として力を発揮しながら対応する姿勢が必要なのです。いじめこそ、こうした教師の「同僚性」によって、解決すべき課題です。しかし、この「同僚性」が、今日の教育現場から失われてしまったのです。

その主な要因としては、教師の多忙化と成果主義の問題があげられます。

教師の多忙化については、すでに、よく指摘されるところです。文科省の統計では、二〇〇九年に精神疾患で休職した教師は五四五八人に達し、この一〇年間で二・五倍に急増しています。この直接的な要因は、授業や生徒指導、保護者対応や事務作業など教師の労働量の多さからくる多忙化や、教師間や保護者との人間関係にあるとされています。なかでも、事務作業の多忙さが、子どもたちと正面から向き合うことを困難にしています。そのため、今日のただでさえ見えにくいいじめを発見することがますます難しくなっているのです。そして、他の教師と話し合い、子どもの抱える問題について情報を共有・検討し、アドバイスし合うことなども、後回しになってしまいがちです。

さらに、成果主義が、この傾向をより強めています。すでに指摘したように、多くの自治体では、個々の教師に対して成果主義が導入されています。そのため、自分の評価に不利になるようなクラスや部活動などの問題は、なるべく他の教師には相談せず、隠そうとする傾向が強まっています。このことは、いじめ問題において顕著に現れます。たとえ、クラスでいじめが発覚しても、それを同僚や先輩教師、ましてや学年主任や教頭、校長など管理職に報告・相談すれば、人事考課制度で自分の評価が下がり、それは給料や転勤などにも反映されます。したがって、いじめが発覚しても、「バレない」ようにすることが優先されてしまいます。また、校長や教頭は教育委員会の評価を恐れて、いじめをなるべく少なく報告しようとします。

加えて、今日の学校現場では、身分の不安定な非正規教員が増えており、情報を共有することが難しくなってきています。「同僚性」が失われれば、いじめ問題の解決はますます後回しにされ、深刻な事態を招いてしまうのです。

このような「同僚性」が低下した教育現場の実態を踏まえると、「同僚性」が発揮されやすいように、学校内にいじめ問題の対策チームを編成したり、複数の教職員が協力しやすい体制をあらかじめつくっておくなどの工夫が必要でしょう。後に述べますが、このことは、いじめ防止対策推進法にも明記されています。

形骸化する目標と実践

成果主義の一番の問題点は、評価する者(教師にとっての校長、校長にとっての教育委員会)に都合のよい者が高く評価されることです。すなわち、教師でいえば、子どもたちの目線に立ち、特に弱い立場の子どもや学習などが遅れがちな子どものために力を尽くそうとしている教師ではなく、校長の目を気にして、校長に都合のよい言動をとる教師が高く評価される結果につながるのです。こうして、評価自体が形骸化し、教育実践も本来の子どものためという目標が失われ、空洞化していく危険性が高いのです。

この成果主義が内包する問題性と同質の問題を、今回の大津の中学校は抱えていました。当該校は、二年間にわたり文科省が認定する全国レベルの道徳教育実践研究事業推進校でした。道徳教育に力を注ぎ、特徴のある授業実践を行い、その成果を全国の学校や教育関係者に研究発表する全国のモデル校なのです。研究事業推進校に選ばれるということは、学校にとっては大変な名誉です。しかし、逆に成果が急がれるために、多忙になり子どもに目が届かなくなり、いじめも見えづらくなってしまいます。また、いじめを発見したとしても、研究事業推進校としての名誉を汚さないために、いじめそのものの存在が隠蔽されてしまいかねないのです。

つまり、道徳教育実践研究事業推進校においては、いじめがあってはならない、いじめの存在は恥ずかしいことだ、という思い込みによって、いじめを発見して対応するよりも、隠蔽することや、気づかぬふりをすることが優先されてしまうのです。これは、「いじめ半減」などと具体的な数値目標を掲げてそれを実現するために、いじめを発見して対応するのではなく、隠蔽することで数自体を減らそうとする発想と同じです。

こうした点においても、数値目標を掲げた成果主義は、いじめ対応においては、弊害のほうが大きいのです。

学校選択制がもたらすもの

今回の事件では、学校選択制の問題もいじめの深刻化に大きな影響を与えていることがわかります。今回の中学校が位置する大津市も、学校選択制を採用していました。学校選択制では、学区を越えて、生徒・保護者が自由に学校を選択できるため、この中学校でも、生徒たちの学区域は車を使用しなければ家庭訪問ができないほど広い地域に及んでいます。さらに一学年が八クラス三〇〇人以上で全校九〇〇人近くにも及ぶ大規模校となっていました。

いじめに気づき、それを止めるためには、生徒一人ひとりの情報を教師がきめ細かく把握し、それらを教師間で共有していくことが必須条件です。しかし、こうした大規模校の場合、それは困難です。現に、この学校では、三年間を通して、顔も名前もわからない生徒が少なくないという教師の証言もあります。

しかも、学校選択制による広い学区域では、ただでさえ難しい学校と地域との連携といった課題もますます困難となります。そもそも、学校選択制という発想は、子どもや親が学校を選択すべき対象、すなわち一つの「商品」とみなすものです。つまり、サービスにおける「消費者」である子どもと親が、学力によって競争され磨かれた学校という「商品」を目の前に、どれを選ぶかを決定するという仕組みです。そのため、自ずと学校は密室性を高め、閉鎖的となり、保護者にも積極的に情報を開示しようとはしません。「消費者」としての親から「クレーム」をつけられないように、情報を小出しにして、表面的な説明責任に終始することになります。

本来、学校教育というものは、教師だけではなく、保護者も地域も協力して築き上げていくべきものです。これを、私は学校づくりにおける「共同生産者」と呼んでいます。教育とは、親が単に「消費者」の立場から、文句を言ったり、「どんなサービスを受けられるか」といった感覚で「商品」を選ぶようなものではありません。子どもを育てるという営みにおいては、親も地域も学校もともに「共同生産者」を目指して、協力・共同すべきなのです。

ところが、学校選択制のもとで、地域や保護者と連携して問題解決に当たるという視点が、学校から急速に失われていきました。学校は地域からの閉鎖性を強め、そのためにいじめを自ら抱え込み、深刻化させることになっていくのです。

個よりも集団が優先される日本の学校

以上のような学校現場の変容に加えて、今回の中学校に限らず、日本の学校全体に特徴的な「一斉主義」、あるいは「集団主義」の問題についても指摘しておきます。これは、ここ数年の教育現場の変容というよりは、かなり古くから日本の学校教育全体の体質として存在しているものです。しかし、日本以外の特に欧米の先進国が個人の特性に重きを置いた個別主義的な教育を進める中で、それに反する形の日本の教育の特性が、最近ではより一層顕著になっています。

繰り返しますが、いじめは、閉じられた関係性の中で発生します。したがって、密室性・閉鎖性が強い日本の学校は、そもそもいじめが発生しやすい環境にあります。しかも、集団行動に重きを置いていることが、いじめの発生をさらに促す要因にもなっているのです。集団行動についてこられない子どもは「足並みを乱す子」「鈍い子」などと教師に認定され、教師公認の「ダメな子」を生み、いじめを発生させる結果となります。

そして、数値目標をともなった成果主義によって、「遅刻ゼロ」などといったん目標が掲げられると、その足を引っ張る子どもはクラス全体の邪魔者であり、教師が子どもを「いい子」と「悪い子」に分別してしまうことになりかねません。ここにも、いじめが発生しやすい背景が潜んでいるといえます。

本来、子どもというのは弱点・欠点・問題点をたくさん抱えているのが自然の姿です。それを上から引っ張りあげて指導しようとするのではなく、むしろ、その子どもの目線まで下りて支えて力を貸すのが教師の仕事だと、私は考えます。ところが、大人の「競争社会」の原理を教育現場に持ち込んだ結果、教師の側にも「困った子は悪い子」といった子ども観が植え付けられてしまったのではないでしょうか。

今回の事件では、授業中にも、A君に対するいじめが発生しているにもかかわらず、教師たちはそれを見過ごしてきました。もちろん、クラス全体が荒れている状況で見えにくくなっていたということもあります。しかし、すでに検証したように、教師たちは明らかに目撃していました。

なのに、いじめを止めるという個別の問題に対応するよりも、集団として授業を行うことが優先されてしまうのです。むしろ、A君は被害者でありながら、教師たちにとっては「問題を起こす困った子」ととらえられていたのかもしれません。だから、教師たちは積極的に問題に関わろうとはせず、黙認していたのではないでしょうか。

一人の尊厳や命よりも集団を優先させてしまう学校現場のあり方を見つめ直す必要があると強く感じます。

3　問われる教育委員会の役割

自らの役割を放棄した市教委

今回の事件では、本来、学校を管理し、指導する立場であるはずの市教委が自らの役割を放棄し、不適切な対応に終始したことは厳しく責任を問われなければなりません。

市教委は、A君が亡くなった翌日の一〇月一二日の段階ですでに、この中学校に対して、市教委が調査に入らないことを電話で告げています。当初から、調査そのものを学校に丸投げしていたのです。そして、すでにみたように、訴訟をにらんだ法的対応について、事件直後から学校とともに弁護士に相談しているのです。

その後、学校側が生徒へのアンケート調査を行っても、その原本さえまともに見た形跡がありません。学校側が、早々に調査を打ち切っても見過ごし、ましてや、市教委が主体となって事実解明をすることもしませんでした。A君の自死の原因を「家庭の問題」とするフィクションに傾いていき、マスメディアなどにもそうした情報誘導を行うなどしていたのです。また、滋賀県教育委員会への報告も、事件が起きてから一年近くたった二〇一二年七月に至るまで正式にはなされていませんでした。

こうした市教委の杜撰《ずさん》な対応は、学校とともに事実の隠蔽や捏造まで行い事実解明を阻害したと批判せざるを得ません。

歪んだ権力構造と密室性が生んだ汚職事件

いじめが発生した場合、教育委員会が学校とともに事実の隠蔽に走ることは、これまでのケースでも全国のあちこちでよくみられる現象です。第1章でもみたように、北海道滝川市で小学六年生の女児がいじめを苦に自死した事件でも、遺書があるにもかかわらず、「調査中」と一年以上も弁明を続け、事実を隠蔽しようとしました。

なぜ、全国の多くの教育委員会が、このように隠蔽体質に染まり、不適切な対応を繰り返してしまうのでしょうか。そこには、教育委員会が学校に対して強い権限をもつヒエラルキー構造の歪みと、教育委員会自体の密室性が大きく関係しています。

それを象徴するかのような事件が、二〇〇八年に大分県で起きています。当時マスコミなどでも大きく報道された、教員採用試験などをめぐる前代未聞の大規模な汚職事件です。

教員採用試験をめぐり、小学校の教頭が自分の長女を合格させるために、県教委幹部二人に計二〇〇万円の商品券を賄賂として贈りました。大分県では、以前から教員採用試験をめぐり不正な口利きが横行しているという噂があり、実際、二〇〇八年度の教員採用試験では、合格者四〇名のうち、二一名が試験結果を加点されるなどして不正に合格したことが明らかになっています。もっとも、県教委は、一〇年間保存が義務づけられている答案用紙をすべて廃棄処分にするなどしており、この二一名という数字自体、実態よりも低い可能性もあります。さらに、教頭・校長への昇任試験にも、現職の教頭・校長が県教委幹部に金券を贈っていたことなども明らかになっています。

結局、教育長に次ぐ地位の審議監を含む県教委幹部と、現職の校長や教頭まで逮捕され、学校が警察の捜査を受ける事態にまで至りました。

事件が発覚した当時、私の主宰する臨床教育研究所「虹」では四九市区町村・八〇〇人近い教師に緊急アンケート調査を行いました。「大分のような問題は、他の地域でもあると考えますか」という質問に、「ある」(「ややある」も含む)との回答は何と八五・四パーセントとなっています。そして、「大分の事件はどこに問題の本質があると考えますか」という質問に対しては、「上意下達の権力構造」という回答が六七・五パーセント、「教育委員会の閉鎖性」との回答が五九・七パーセントとなっています（臨床教育研究所「虹」発行『レインボーリポート』一五号、二〇〇八年一二月）。

教育現場や市民の視線からの乖離

教育委員会は、教員採用や教頭・校長の昇任といった人事を含め、学校現場に対して強い権限をもっています。しかし、学校現場から教育委員会に意見を言ったり、あるいは市民の声が教育委員会の活動に少しでも反映されることなどはありません。こうした強い権限を背景に、教育現場や市民感覚から乖離した強引な「改革」が、教育委員会の名によって推し進められてしまうのです。

教育委員会は何のために存在するのか、原点に立ち返って考える必要があります。教育委員会が創設されたのは一九四八年です。戦前の皇国教育・軍国主義教育の反省に立って教育委員会法が制定されました。中央の政治によって教育が振り回されることのないように、平和主義、主権在民といった民主主義の理念がそこには盛り込まれていました。教育委員会の委員は、各地域の住民による直接選挙で選出され、その委員の下に事務方の職員が働くという、レイマンコントロールの考えに基づいて運営されていました(「レイマン」とは一般人・素人のこと)。したがって、本来、教育委員会は地域住民の自治や教育の民主化に大きな力を発揮するための組織だったのです。

ところが、当時の政治的な対立が委員会の決定に持ち込まれるなどの弊害も生じ、一九五六年に地方教育行政法が新たに制定され、教育委員会の委員は地方自治体の議会の承認を得て、首長が任命する制度に変えられてしまったのです。一九七八年に東京・中野区が教育委員会の「準公選制」を発足させますが、これも九五年に廃止されています。

こうして教育委員会からは、市民の視点は失われ、強い権限をもちながら、より密室性の高い組織へと変質していったのです。

教育委員会に市民の目を

いじめ問題で、たとえ子どもたちの命が犠牲になった場合でも、教育委員会が自らの組織防衛を最優先にする背景には、実はこうした教育委員会のあり方、体質が関係しているのです。

現在の教育委員会のあり方を変え、平和主義、主権在民に基づいた本来の役割に戻すためには、教育委員会に教育現場の目、市民の目をいかに入れるかがポイントとなるでしょう。例えば、教育行政に携わる職員自体を全教職員参加で評価し、その結果を公表するなどの教育委員会評価の民主的な制度化などについて、具体的に検討する時期にあるように思います。教育委員会が一方的に学校現場を「支配」するヒエラルキー構造ではなく、「評価における相互性」が確保されてこそ、現場教師も教育行政職の人たちも本来の力を発揮して、相互にレベルアップするように思います。

現在、政府は、各自治体において、選挙で選ばれた首長の権限を強め、教育委員会に対する人事や発言権などを高める「抜本改革」を検討しています。しかし、首長の「独断」を後押しするよりも、もっと教育行政の議論や運営に市民が参加できるなど民主化を進め、市民の声を活かせるシステムづくりの確立のほうが必要です。

4　誤った対策がいじめを深刻化させる

大津事件を契機に

ここまで、大津事件の経緯を振り返りながら、なぜ学校はいじめを止められず、深刻化させていったのかを考えてきました。そして、教師、学校、教育委員会、それぞれが抱える問題や課題を具体的に検証してきました。大津事件では、教師、学校、教育委員会のあまりにも不適切な対応が目立ちますが、その一方で、全国の多くの学校や教育行政に共通した問題が横たわっていることも理解できたと思います。

大津事件を契機に、いじめ対策として、政府レベル、地域レベルでの具体的な政策が提唱されています。その大きな一つは、二〇一三年六月に制定された「いじめ防止対策推進法」の成立です。第1章でみたように、これまでいじめ問題が繰り返し深刻化しながらも、政治・社会として有効な手を打てて来なかったことを考えれば、この法律の制定は画期的なことです（この法律の意義や課題・問題点などについては、第4章で詳しく論じます）。

その一方で、いじめに対する理解や学校現場の状況に対する認識が不足していたりするために、誤った対策なども打ち出されています。こうした誤った対策は、いじめ問題を克服するどころか、さらに深刻化させてしまう危険性があります。そうした政策を具体的に検証してみましょう。

道徳教育の強化

いじめ事件が社会問題化する度に取りざたされるのが、「道徳教育の強化」論です。いじめを起こすような子どもは、規範意識が欠けている、道徳教育の強化によって、規範意識を立て直さなければならない——このような考え方が、社会の側から、あるいは政府内部からも強く提起されます。

第一次安倍政権（二〇〇六年九月～〇七年八月）の時にも、第１章でみた「第三のピーク期」にあたり、いじめ問題が社会的に大きな問題となりました。当時の安倍首相は、教育再生会議を内閣に設置し、同会議は二〇〇六年一一月、「いじめ問題への緊急提言」を出しました。そこには、「学校は、子どもに対し、いじめは反社会的な行為として絶対に許されないことであり、かつ、いじめを見て見ぬふりをする者も加害者であることを徹底して指導する」「学校は、問題を起こす子どもに対して、指導、懲戒の基準を明確にし、毅然とした対応をとる」などとして、道徳教育の強化策などを打ち出しました。

そして、それらを引き継ぐように、現在の第二次安倍政権に設置された教育再生実行会議でも、子どもの規範意識を高めていじめを防ぐために、道徳を教科へ格上げすることを提言しています。

しかし、道徳教育をこのように強化したところで、いじめ問題が克服できる道理はありません。なぜなら、いじめの加害者は学校や家庭でストレスを抱えている場合が多く、そこに思春期特有の複雑な心理が絡むことで、いじめがひどくなってしまうのです。本人も攻撃の衝動を抑えられず、暴走してしまいます。そうした子どもに、道徳教育の強化によって教師が上から規範意識を身につけさせようとしても、さらにストレスをためこむだけです。

しかも、今回の事件が起きた中学校が、前述の通り文科省が指定する道徳教育実践研究事業推進校だったことも忘れてはなりません。道徳教育重視という目標が、結局のところ、実際にいじめを克服するどころか、むしろ、いじめの存在を隠蔽する方向に作用しただけなのです。

道徳教育の強化は、今日のいじめの実態、学校現場の状況などとかけ離れた、精神主義的な対策で、およそ効果は期待できません。まして、道徳教育を教科化するということは、国語や算数(数学)などと同様に点数によって評価することを意味します。数値目標主義が、すぐに形骸化してしまうことは、すでに指摘した通りです。さらに、道徳という個人の思想や心に関わる問題を、上から点数で評価することには、もっと注意を払うべきです。為政者に都合のよい心性を子どもたちに植えつけようとする政治的な目的に利用されかねないからです。

「いじめはいけない」といった意識は特定の授業によって植えつけるものではなく、むしろ日頃の生活や活動の中で自然に身につけていくべきものなのです。そして、そうした意識は、集団行動の中で縛られる規範意識ではなく、むしろ、自らが社会を構成する当事者であるという当事者意識、市民意識によって育んでいくものだと、私は考えます。このことについては、第5章で詳しく論じます。

「出席停止」など、加害生徒への厳罰化

道徳教育の強化と並んで、「出席停止」など加害生徒への厳罰化もよく議論されるところで

す。「出席停止」も、第一次安倍内閣の教育再生会議で打ち出された案です。この案は、自民党の強い意向で、いじめ防止対策推進法にも採用されています。同法の第二六条では、「市町村の教育委員会は、いじめを行った児童等の保護者に対して学校教育法（中略）の規定に基づき当該児童等の出席停止を命ずる（後略）」とあります。

しかし、こうした対策も、いじめ問題を克服するには、あまり有効ではありません。なぜなら、今日のいじめの特徴などについての理解が不足しているからです。第２章でみたように、今日のいじめには、誰もがいじめの被害者にも加害者にもなる「流動化」という特徴があります。したがって、その時の加害者をいくら厳罰に処したところで、ほとんど意味がないのです。

例えば、こんな事例があります。品川区では、教育長がいじめ対策と称して、いじめた子どもに「出席停止」を科すことを宣言しました。その後、第１章でみたように、実際に同区で、中学一年の男子生徒がいじめを苦に自死する事件が発生しました。そこでは、六人の男子生徒が暴力行為の中心になっており、さらに同学年の男女二八人が暴言を放っていたことが、後の調査で判明します。しかし、それらの生徒に「出席停止」は科されませんでした。なぜなら、そんなことをしたら、学年のかなりの数の生徒が「出席停止」となり学校が成り立たなくなるからです。

特定の子どもに「出席停止」のような厳罰を科しても根本的な解決にはつながらないことは、

このことからも明らかです。また、第5章で触れるように、加害者のケアがいじめ問題解決の要であるという面からいっても、乱暴な「出席停止」が有効だとは思えません。もっと、構造的な問題に目を向け、小手先の対症療法ではない対策が求められるのです。

警察の学校現場への積極的な介入

大津事件を契機に、学校と警察の連携を強化する動きが広がっています。警視庁は二〇一三年一月、いじめ問題に迅速に対処するために学校との連携強化を打ち出し、被害者の生命や身体が脅かされる行為があった場合には積極的に捜査すると発表しました。

また文科省も、二〇一二年一一月、いじめなどで犯罪として認められる行為があれば、早い段階で警察に相談するよう都道府県の教育委員会などに通知しています。

もちろん、重大な犯罪が起きた場合に、学校が専門機関としての警察に相談するなど連携することは必要です。しかし、いじめ対策として安易に学校が警察に頼ることには、十分に注意を払うべきです。

今回の事件でも、世論の圧力などもあり、二〇一二年七月、滋賀県警が捜査を開始しました。警察の捜査の過程で、生徒の中には、警察から延べ三〇時間以上にもわたって事情を聞かれた子どももいました。また、警察立会いのもと、生徒による現場検証も繰り返し行われました。

事情聴取の際、警察は子どもたちに配慮して、保護者も同席させ、丁寧な口調で質問をするなどしたようですが、それでも子どもたちの精神的な苦痛は深刻だったと判断せざるを得ません。

警察が犯罪の有無を証拠や証言などにもとづいて厳しく捜査して、立件していく手法は、学校教育とは異質なものです。事件によって深く傷ついている子どものケアという面でも、問題が残ります。

しかも、安易に警察に頼るような状況を日常化させてしまうと、学校としての教育的対応をおろそかにする危険性もあります。「いじめは犯罪だ」とよくいわれます。しかし、いじめには犯罪にまでは至っていないものも含まれます。「シカト」といわれる無視、仲間外れなどは、いじめではあっても、犯罪ではありません。

今回の事件でも明らかなように、いじめが深刻化し、暴力などの犯罪に発展してしまう前に、教師などが介入して早期の段階で食い止めることが、いじめ防止には必要です。逆の見方をすれば、この段階での教育的な指導が不十分であるために、犯罪を含む深刻ないじめに発展してしまうのです。

その意味では、むしろ警察が関与せざるを得ない事態を防ぐような、学校側の主体的な対応こそ、いじめ対策には不可欠です。

以上のように、誤った対策はかえって、いじめの深刻化を招くことになります。単なる、大人の側の思いこみではなく、今日のいじめに対するしっかりとした認識、思春期の子どもの心への理解にもとづいた対策、そして第4章で述べる「子ども参画」の理念こそが求められているのです。大津事件の教訓を、このような痛ましい事件が起きないためにどう活かしていくかが問われています。

第４章

いじめ問題を繰り返さないために
――国・地域・学校の取り組み

第1章でみたように、深刻ないじめ問題はこれまで何度も繰り返されてきました。痛ましい自死が相次いだりすると、その都度、社会問題化して注目されてきましたが、しばらくすると風化し、また深刻な問題が起きるということの繰り返しです。第一のピーク期から三〇年近くが経つにもかかわらず、いじめ問題の有効な打開策について国や社会で真剣に考えて取り組むまでには至らなかったのです。

しかし、大津事件などを契機に、やっと国も本腰を入れて対策を打ち出すことになりました。それが、すでに本書でも触れてきた「いじめ防止対策推進法」の成立です。また、各地域や学校などでも、いじめを防止するために条例を制定するなどして、自主的な取り組みをするところが現れてきています。この章では、こうした取り組みの意義や課題を明らかにしながら、いじめをどう防止し、克服していけばよいのか、そのヒントを具体的に考えていきたいと思います。

1 いじめ防止対策推進法の成立——どう活かすか、課題は何か

法制化の意義

二〇一三年六月二一日、自民党、民主党など六党が共同提出したいじめ防止対策推進法が国会で成立しました。日本において、いじめ対策が法制化されたのは初めてのことです。

この法律では、いじめの定義を明確にし、国や学校の責務を明記しています。また、地方公共団体に「いじめ問題対策連絡協議会」を可能な限り常設させ、学校にもいじめ防止のための組織を置くことや、相談体制の整備、教職員間で情報を共有することを求めています。さらに、この法律に基づいて二〇一三年一〇月に策定された基本方針では、いじめを原因とする自死など重大な事態への対処についても規定しています。その場合、学校には迅速で公平な調査を行うことを義務づけ、必要な情報を被害者側に提供する責任を求めています。

このようにいじめ対策に実効性をもたせていること、教職員に対する研修の実施など計画性をもたせたこと、などに特徴があります（表4-1）。

いじめの定義に関しては、「児童等に対して、当該児童等が在籍する学校に在籍している等当該児童等と一定の人的関係にある他の児童等が行う心理的又は物理的な影響を与える行為（インターネットを通じて行われるものを含む。）であって、当該行為の対象となった児童等が心身の苦痛を感じているものをいう」（第二条）となっています。これは、第1章でみた、文部科学省が二〇〇七年に改定した新しい定義を踏まえて発展させたものであり、被害者の側の視点に

3　個別のいじめに対して学校が講ずべき措置として(1)いじめの事実確認，(2)いじめを受けた児童生徒又はその保護者に対する支援，(3)いじめを行った児童生徒に対する指導又はその保護者に対する助言について定めるとともに，いじめが犯罪行為として取り扱われるべきものであると認めるときの所轄警察署との連携について定めること．

4　懲戒，出席停止制度の適切な運用等その他いじめの防止等に関する措置を定めること．

④ 重大事態への対処

1　学校の設置者又はその設置する学校は，重大事態に対処し，及び同種の事態の発生の防止に資するため，速やかに，適切な方法により事実関係を明確にするための調査を行うものとすること．

2　学校の設置者又はその設置する学校は，1の調査を行ったときは，当該調査に係るいじめを受けた児童生徒及びその保護者に対し，必要な情報を適切に提供するものとすること．

3　地方公共団体の長等(※)に対する重大事態が発生した旨の報告，地方公共団体の長等による1の調査の再調査，再調査の結果を踏まえて措置を講ずること等について定めること．

※公立学校は地方公共団体の長，国立学校は文部科学大臣，私立学校は所轄庁である都道府県知事

⑤ 雑　則

学校評価における留意事項及び高等専門学校における措置に関する規定を設けること．

出典：文部科学省のホームページ

表 4-1 いじめ防止対策推進法(概要)

① 総　則

1 「いじめ」を「児童生徒に対して，当該児童生徒が在籍する学校(※)に在籍している等当該児童生徒と一定の人的関係にある他の児童生徒が行う心理的又は物理的な影響を与える行為(インターネットを通じて行われるものを含む.)であって，当該行為の対象となった児童生徒が心身の苦痛を感じているもの」と定義すること.

※小学校，中学校，高等学校，中等教育学校及び特別支援学校(幼稚部を除く.)

2 いじめの防止等のための対策の基本理念，いじめの禁止，関係者の責務等を定めること.

② いじめの防止基本方針等

1 国，地方公共団体及び学校の各主体による「いじめの防止等のための対策に関する基本的な方針」の策定(※)について定めること.

※国及び学校は策定の義務，地方公共団体は策定の努力義務

2 地方公共団体は，関係機関等の連携を図るため，学校，教育委員会，児童相談所，法務局，警察その他の関係者により構成されるいじめ問題対策連絡協議会を置くことができること.

③ 基本的施策・いじめの防止等に関する措置

1 学校の設置者及び学校が講ずべき基本的施策として(1)道徳教育等の充実，(2)早期発見のための措置，(3)相談体制の整備，(4)インターネットを通じて行われるいじめに対する対策の推進を定めるとともに，国及び地方公共団体が講ずべき基本的施策として(5)いじめの防止等の対策に従事する人材の確保等，(6)調査研究の推進，(7)啓発活動について定めること.

2 学校は，いじめの防止等に関する措置を実効的に行うため，複数の教職員，心理，福祉等の専門家その他の関係者により構成される組織を置くこと.

立っている点、今日、深刻化している「ネットいじめ」についても触れている点など、妥当なものだと考えます。

もちろん、後にみるような問題や課題もありますが、私は、この法律が成立した歴史的な意義は大きいと考えています。国が、いじめを重大な問題として認識し、それを社会全体として解決していこうという合意形成がなされたことは、これまでの日本におけるいじめ問題の歴史を考えれば、大きな前進です。すでにマスメディアなどでも、この法律の成立を受けて、「いじめをなくそう」という主旨の報道やキャンペーンも多くなされており、いじめに対する社会の意識も高まってきています。しかも、国や地方公共団体、学校などの役割についても法律として規定しているので、これまでのように有効な対策がとられずに、単に風化していくことはないものと期待しています。

いじめ問題の重要性を共通の理解として

その一方で、法の成立自体に懐疑的な意見もあります。その代表的な意見を二つ取り上げてみます。

第一に、法制化によって学校がますます多忙化し、逆にいじめ対策が形骸化してしまうのではないか、という見方です。いじめ対策の法制化よりも、学校現場の多忙化を解消することのほうが先決ではないか、という考えです。

私自身も、この考え方には共感する部分が多々あります。第3章でもみたように、学校現場の多忙化が、教師たちの精神的なストレスの大きな要因でもあり、いじめ対策に必要な教師集団としての同僚性の発揮を阻害していることは明らかです。学校現場の多忙化を解消しなければならないという考え方自体は、間違っていません。

しかし、私は、それでもなお、この法制化の意義を評価したいと思います。なぜなら、いじめとは深刻な人権侵害であり、時には子どもの命さえ奪ってしまう重大な問題が潜んでいるからです。学校においては、子どもの心身の安全が最優先課題であり、前提となるべきです。したがって、どんなに多忙であっても、いじめに関する取り組みは、授業や職員会議などよりも優先されなければならないのです。

そして、そうしたいじめに対する取り組みを通して、教師も子どもも、市民として社会生活を営む上で欠かせない人権尊重の意識、市民的モラルを身につけることにつながっていくのです。むしろ、いじめへの取り組みを学校教育の中心に据えることで事務作業を減らす方向につなげるなど、今日の学校文化を見直し、改善していくことへ活かしてほしいと思います。

第二に、そもそも、いじめの問題は法制化になじまない、という意見もよく聞かれます。いじめには、グレーゾーンの部分が多く、いじめなのか、ふざけているのか簡単に判断はつけられない。暴力など犯罪につながるような事件は、現行の少年法などで扱えばよく、グレーゾーンであるいじめを法律の対象とするのは、問題が多いといったものです。

しかし、いじめは早期に発見し、犯罪などの重大な行為に発展する前に食い止めることが重要です。犯罪になってから、司法に任せればよいというものではありません。しかも、犯罪に至らない場合であっても、被害者の心に生涯にわたって深刻なダメージを与え、被害者が自ら命を落としてしまうようなケースが後を絶たないという現実があります。いじめは、重大な人権侵害であるという認識をもつ必要があります。

したがって、いじめは法制化になじまない、という考えも、説得力を欠いています。しかも、後に述べるように、海外に目を向けると、いじめ対策の法制化を進めている国は多く、しかもアメリカの各州のように先進的に進めている事例もあります。

民主党の「いじめ対策推進基本法案」

次に、この法律の意義や課題を考えるにあたり、法律の成立までのいきさつを簡単に振り返っておきたいと思います。というのも、法制化に至るまでの政府内での協議の経過が、この法律の意義と課題に反映されているからです。

今回のいじめ対策の法制化の動きは、民主党が中心になってまとめた「いじめ対策推進基本法案」の策定にさかのぼります。二〇一三年四月、民主党・生活の党・社民党の共同提案として国会に提出されました。この民主党案は、小西ひろゆき参議院議員が実務責任者としてまとめました。二〇一二年八月末、大津事件の報道などを受けて、小西議員は、「(大津事件によって)再び社会問題化している学校のいじめは法律をつくることによって最大限の撲滅と深刻化の防止が可能になるはずだ」と考えたといいます(小西議員のブログ)。当時、民主党は政府与党でした。小西議員には、それまで復興特区法案や障害者総合支援法案など、様々な法律の立法に携わってきた豊かな経験があります。

小西議員は党内でチームをつくり、いじめ被害者の団体や、専門家などにヒアリングを重ねました。私自身も、この過程で、院内集会でレクチャーを行うなどしています。その後、法案の中身を詰めながら、各省庁との調整、議会法制局との議論を重ね、先述した「いじめ対策推進基本法案」としてまとめます。

この法案は、いじめはどの学校、どの子どもの間でも起こりうるものととらえ、いじめの「予防」「早期発見」「解決」を実現するための具体的な仕組みを提案しています。教師がいじめ予防や解決のためのスキルを身につけるために、教職課程でいじめ対策を学ばせることや、すべての小中高の学校に「学校いじめ対策委員会」を設け、担任一人が問題を抱え込まず、チームとして対策にあたることなど、具体的な内容が盛り込まれていました。

「対策委員会」には、教師だけでなく、臨床心理士、人権擁護委員などの専門家、地域住民や保護者も参加することができます。さらに、被害者の不服申し立てを受けた自治体首長が「調査委員会」を設け、学校や教育委員会の対応を調査できる仕組みも用意していました。特に、対策にあたって、子ども参加を盛り込んだ点は高く評価できるでしょう。

当初、この法案は二〇一二年一二月の臨時国会に提案し成立を目指していましたが、同月に衆議院議員選挙が行われ、民主党は野党に転落し、法案提出も延期されてしまったのです。

いじめ対策を重視する自民党

二〇一二年一二月、自民党が第一党となり、第二次安倍政権が成立します。第一次安倍政権でも、教育再生会議が二〇〇六年一一月に「いじめ問題への緊急提言」を出しており、また、衆議院議員選挙の際の自民党のマニフェストでも「「いじめは絶対に許されない」との意識を日本全体で共有し……」と述べています。第二次安倍内閣が内閣に設置した教育再生実行会議も、二〇一三年二月に「いじめ問題等への対応について」(第一次提言)を早々に出しています。一貫して、いじめ対策を重視する姿勢がうかがえます。

しかし、教育再生会議の時点から、子どもたちに規範意識を植えつけるために道徳教育を強化することや、加害生徒に出席停止や懲罰を科すことなど、厳罰主義の傾向が目立ちます。

民主党を中心とした野党案が国会に提出されたのを受けて、与党・自民党も「いじめ防止対策推進法案」を用意します。ところが、この法案では、いま述べたような自民党の一連のいじめ対策の考えが、そのまま引き継がれていました。道徳教育の強化、加害者の厳罰化が、やはり大きな柱になっていたのです。

実効性と計画性

最終的には、野党案と自民党案の間で調整が行われ、先述したように、二〇一三年六月、自民・民主など六党の共同提案でいじめ防止対策推進法が可決されるに至ります。

与野党共同の法案づくりの過程で、小西議員ら野党側がこだわったことが大きく二つあります。第一に、法律が実際にいじめ問題の解決に結びつくような実効性をもたせること、そして、第二に、小手先の対応ではなく、いじめをなくすという大きなビジョンをもち、その実現のための計画性をもたせることです。これらは、法律の中でも活かされています。

実効性という点では、例えば、地方公共団体は、いじめ防止のために、学校、教育委員会、児童相談所、法務局、都道府県警察などによって「いじめ問題対策連絡協議会」を置くことができるとしています(第一四条)。また、学校においても、いじめ防止対策を実効的に行うために、教職員、心理や福祉などに関する専門的な知識をもつ者などによって「いじめの防止等の対策のための組織」を設置することが求められています（第二二条）。このように、実際に防止するための組織を新たに設けて、学校だけで抱え込まずに、地域と連携していける道筋をつくった点は重要です。

さらに、計画性という点でも、教師がいじめ対策の能力を高められるように、研修の実施などの必要な措置を計画的に行うことを学校に求めています（第一八条）。いじめ対策が、その時々の対処で終わってしまい、長期的な視野で取り組まれていなかったことを考えれば、この点も評価できるでしょう。

残された問題と課題

その一方で、この法律には問題や課題もいくつか残されています。

第一に、当初の自民党案にあった精神主義・道徳主義的な部分が色濃く残っていることです。例えば、校長や教師は、いじめを行っている児童・生徒に対して懲戒を加えるという規定が盛り込まれています（第二五条）。また、出席停止を命じることも規定されています（第二六条）。しかし、こうした対応が、いじめ対策として、あまり有効でないことは、すでに本書でも繰り返し述べてきました。

そのことに関連して、大津事件の第三者委員会で副委員長を務めた渡部吉泰弁護士は、「懲戒の行使は、一つ間違えば、いじめた子どもたちの排斥的機能を果たし、彼らが本当に自分を見つめ直すなどして自分のあり方について考える更生への重要なきっかけを奪う」「被害者にとって、加害者の心からの謝罪は不可欠」「加害者がいることを知りながらも、被害者が安心して同じ地域での生活を可能にすることが、被害者ケアの最終的な目標でなければならない。（中略）「児童等の尊厳」の回復とはそうしたことを意味する」と厳罰化の危険性を指摘しています（「いじめ抑止・早期発見・対応上の課題といじめ防止対策推進法」『季刊教育法』一七八号、二〇一三年九月）。私の臨床感覚でも、まさにその通りであると思います。

第二に、教育委員会の役割についての規定がないのも大きな問題です。これまでのいじめ事件をみても、教育委員会が学校とともに事実を隠蔽したり、学校に適切な指示をしなかったりするために、問題が深刻化してきた例が少なくありません。したがって、教育委員会の役割や責任とともに、何をすべきかをきちんと規定するべきでしょう。

教育委員会についての規定がないのは、自民党が教育改革の一環として、教育委員会の改革を視野に入れていることとも関係しているのかもしれません。教育再生実行会議は、教育委員会の役割を縮小し、自治体の首長の権限を強める改革を構想しています。第3章でみたように、教育委員会は政治的に支配されないように、独立した機関として設置されましたが、現在はそうした本来の性質が形骸化してしまっています。教育再生実行会議の考えでは、教育委員会を実質的に、首長の考える教育政策を実現させる、いわば「下請け機関」として位置づけることになりかねません。

本論から外れるので、自民党の教育委員会改革について詳しい検証はしません。ただし、上からの支配を強めるのではなく、先述したように、市民に開かれた組織に改革することが重要であることは指摘しておきます。いじめ防止対策推進法においても、教育委員会の役割を規定し、市民にも検証できる形にすべきだと考えます。

第三に、多くの重要な項目が法律の本則ではなく、衆参両院の文部科学委員会による附帯決議に入れられていることです。これらの規定は、民主党案の中心的な柱になっていたものが主になっているようです。与党案・野党案を調整する中で、附帯決議に重要項目を残したという経緯もあるようです。

附帯決議に入れられた項目はいずれも重要で、この法律が、安易に国による教育現場への介入の手段として使われないための抑止力にもなっています。例えば、この法律では、国がいじめ防止基本方針を策定するとありますが(第一一条)、附帯決議では、その際に、専門家などの意見を反映させて、この法律の施行状況を踏まえて、適時適切に見直しなどを行うように求めています(参議院附帯決議の四)。また、先述した「いじめ問題対策連絡協議会」などの組織を設置する際にも、専門的な知識や経験をもつ第三者などの参加をはかり、公平性・中立性が確保されるよう求めています（参議院附帯決議の六、衆議院附帯決議の三）。

なかでも重要なのは、法律の運用にあたって被害者に寄り添った対策が行われることを求め、防止の取り組みについては、子どもたちの主体的・積極的な参加がうたわれていることです（参議院附帯決議の三）。子どものことをよく知っているのは、子ども自身です。その意味では、いじめ問題を克服するには、子ども自身の主体的な参加は欠かせません。附帯決議ではありますが、この「子ども参加」がうたわれた意義は大きいと思います。

実効性を高めるために

以上の課題を踏まえたうえで、この法律の実効性をより高めていくために、私は今後、特に以下のような点について長期的には見直していくことが必要だと感じます。

第一に、子どもの権利保障の視点を前面に打ち出すべきです。子どもに「いじめを行ってはならない」と命令的に対応するのは間違いです。法律の基本に据えられるべきは「子どもの義務」などではなく、いじめで苦しめられずに安心して生活し、学習することのできる「権利」でなくてはなりません。しかも、その子どもの権利を守るのは、大人社会、学校、教師の義務であるはずです。

第二に、被害者や遺族などの「真相を知る権利」についてです。この法律に基づく基本方針では、前述のように、必要な情報を被害者に提供するよう求めており、このこと自体は重要な規定です。しかし、さらに踏み込んで、法律自体に遺族や被害者の権利として、もっと明確に規定して、保障する必要があります。ともすると、個人のプライバシーの保護や加害者側の権利といった、形式的な理由を盾にして、学校や教育委員会が隠蔽したり、情報を開示しなかったことが、問題をより深刻にしてきた側面があるからです。

第三に、いじめは人権侵害であるという前提を明確に打ち出すべきです。第一条では、いじめによって「教育を受ける権利」が著しく侵害されると述べていますが、あまりにも狭いとらえ方です。憲法や子どもの権利条約の条文やそれらの精神を踏まえ、豊かに安心して生きる権利が子どもにはあること。いじめはその権利を侵害するということ。こうした視点を明確にする必要があります(子どもの権利条約といじめの関係については、第5章で検証します)。

第四に、学校や教育委員会にとっていじめ防止対策は、子どもたちに対する最も重要な安全配慮義務であることについても規定する必要があります。

法を活かすのは私たち

ここまでみてきたように、いじめ対策について法制化できたこと自体の意義は大きいものの、法律自体には、評価すべき点と同時に問題・課題として残された点があります。あとは、この法律がどう運用されていくのか、私たち市民が注意深く見守り育てていく必要があります。

この法律では、地域との連携もうたわれており、また「保護者の責務」として、いじめ防止のための措置に協力することも規定されています（第九条三項）。別の見方をすれば、私たち市民も、この法律を活かしていく当事者なのです。したがって、当事者として、この法律をどう活用して、いじめをなくしていけるか、そうしたことを考えていくことも必要でしょう。

例えば、いじめ防止の法律をつくりながら、一方で、政府が、学校現場をいたずらに疲弊させたり、子どもたちの自主性を奪うような教育改革を進めるのならば、法律の実効性をまったく無意味なものにするのも同然です。

したがって、私たちは、いじめ問題の克服を目指す当事者として、政府の動向にも注意し、必要ならば積極的、建設的に声をあげていくことも大切です。

2　海外の事例にみる――アメリカで広がるいじめ対策法

アメリカのいじめ対策法

先述したように、日本で、いじめに関する法律を制定したのは、このいじめ防止対策推進法が初めてのことです。しかし、海外に目を転じると、いじめ対策に関する法律を成立させ、いじめ問題に取り組んでいる国は数多くあります。中でも先進的に行っているのがアメリカです。連邦国家であるアメリカでは、教育は州の専管事項とされています。教育制度や教育政策も州が独自で決めています。

アメリカでは、全米五〇州のうち、モンタナ州を除く四九州でいじめ対策に関する法律(「いじめ対策法」と呼びます)が制定されています。もっとも、モンタナ州も法律はありませんが、いじめ対策に関する制度の運用が行われています。

アメリカでいじめ問題に対する社会的な関心が高まったのは、一九九九年に起きたコロラド州コロンバイン高校での銃乱射事件だといわれています。同校の二人の男子生徒が校内で銃を乱射し、生徒一二人、教師一人が射殺され、二四人の重軽傷者が出た痛ましい事件です。加害生徒二人もその場で自死しています。この事件の背景には、いじめの存在があったといわれます。加害生徒二人は、他の生徒から日常的に叩かれたり、差別的な言葉を投げつけられていたという証言が、事件後に同校の生徒からなされています。

そして、二〇〇〇年以降、いじめを受けた子どもが自死する事件などが相次ぎ、いじめに対する社会的な関心が高まる中で、いじめ対策法が各州でつくられるようになったのです。

アメリカのいじめ対策法は州によって違いはあるものの、多くの州では対策法そのものに懲罰の規定は設けられていません。いじめ行為が既存の刑法の規定に該当するような場合には、刑事罰が科されることになります。

マサチューセッツ州のいじめ対策法

比較的新しく、二〇一〇年五月に制定されたマサチューセッツ州のいじめ対策法は、今後の日本においても、大変参考になるものです。そこで、この法律について検証してみましょう。

まず、この法律の成立過程を振り返ってみます。

二〇一〇年一月、当時一五歳だった女子高生がいじめを受けて自死する事件が発生しました。この女子生徒は、連日、校内で悪口を浴びせられたり、携帯電話に嫌がらせのメールを送られたりしていたのです。

州の検察当局は、事件から二カ月後の二〇一〇年三月、九人のいじめ加害者の生徒たちに対して、人権侵害やストーカー行為などの容疑で刑事訴追するという厳しい措置を取りました。生徒たちは立件され、なかには懲役一〇年を言い渡された主犯格の少年もいました。ただし、訴追した検事も裁判官も、刑事罰を科して加害者たちを刑務所に送ることを目的としたのではありません。「いじめは人権侵害であり、法律違反につながる」ということを社会全体にメッセージとして発し、子どもたちに教えていくことが刑事事件として立件した大きな目的であり理由でした。

法廷で加害生徒たちは、自分たちの行為の罪の重さを知り、自発的に謝罪もしました。裁判所も、その心から反省している姿を見て、最終的には司法取引によって「一〇〇日間のボランティア」を課すという教育的指導に替えたといいます。

一方、事件が起きてから三カ月後の二〇一〇年四月、州議会では「いじめ対策法案」を提出し、すぐに可決。翌月の五月三日には、同法を成立させています。こうした素早い動きは、すでに多くの州でいじめ対策法が成立していたことに加え、いじめ問題を深刻なものとして受け止め、真剣に対応しようとする州議会や市民の姿勢がうかがえます。

定義の明確化、実効的な対策

次に、この法律の内容を検証します。

この法律では、第2章でみたように日本でも深刻化している「ネットいじめ」にも対応する内容となっています。いじめの定義が実態を踏まえて、丁寧につくられており、さらに「教員向けの研修」と「子ども向けの啓蒙活動」を両立させている点に特徴があります。具体的な内容は次のようになっています。

【いじめの法的定義】

いじめとは、一人または複数の生徒が他の生徒に対して、文字や口頭、電子的表現、肉体的行動、ジェスチャー、あるいはそれらを組み合わせた行動を過度に、または繰り返し行い、以下のいずれかの影響を生じさせることを指す。

【「いじめ」と定義される具体的な行動】

①相手生徒に肉体的または精神的苦痛を感じさせるか、その所有物にダメージを与える。
②相手生徒が自身の身や所有物に危害が及ぶ恐れを感じる。
③相手生徒にとって敵対的な学校環境をつくり出す。
④相手生徒の学校内での権利を侵害する。
⑤実質的かつ甚大に教育課程または学校の秩序を妨害する。

【特徴】

①いじめの存在に気がついた教職員に対し、校長などに報告する義務を課す。
②教職員はいじめの予防と介入方法に関する研修を毎年受けなければならない。
③いじめ問題を扱う授業を各学年のカリキュラムに盛り込む。

まず「いじめの定義」では、具体的な項目を挙げて、いじめかどうかの境界線を明確に設定しています。その定義に基づいて、いじめが及ぼす影響にまで落とし込み、いじめの有無の判断材料としているところも優れています。

五つの行動例のうち、特筆すべき項目が②「相手生徒が自身の身や所有物に危害が及ぶ恐れを感じる」です。被害者が「危害が及ぶ恐れ」を感じたら、それは「いじめ」に当たるわけです。日本のいじめ防止対策推進法の「心身の苦痛を感じる」という定義よりも一歩も二歩も踏み込んで、被害者に寄り添った内容となっています。また、③「敵対的な学校環境をつくり出す」、④「学校内での権利の侵害」、⑤「学校の秩序の妨害」なども、とても具体的な内容です。被害者だけでなく、子どもたちが皆、安心・安全に学校生活を送れることに配慮した目配りがなされています。いじめを早期に止めようという積極的な姿勢もうかがえます。

学校外でのネットいじめに関しても、それによって③④⑤のような影響を及ぼした場合は罰せられることになり、時間と場所を選ばないケータイやパソコンでのいじめにも対応できる形になっています。

いじめの存在に気づいた教職員は校長への報告義務が課されており、日本のように、教師などがいじめ問題を抱えて、隠蔽することは、法律違反となります。しかも、このように法律で義務を規定するだけではなく、いじめ対策のための研修を教職員に毎年、実施させ、具体的な方法を習得させます。子どもたちも、カリキュラムを通して、いじめについて学びます。

このように、マサチューセッツ州のいじめ対策法は、抽象的な内容の理念法ではなく、いじめとは何かを明確にし、またどう対応していくかの具体的・実践的な内容のものとなっています。日本のいじめ防止対策推進法を今後、具体的にどう活かしていくのか、また、そこでうたわれている、各自治体での基本方針をどうつくっていくのか、学校での取り組みをどうするのか、などを考えるうえで大いに参考になります。

3　はじまる地域・学校での取り組み

地域での取り組みへ

国によるいじめ防止対策推進法では、地方自治体に対して、同法に基づいて、各地域の実情に合わせた「地方いじめ防止基本方針」を策定するように求めています（第一二条）。今後、それぞれの地域でも国の方針をもとに、いじめ対策が広がっていくことになりますが、そうした国の法制化よりもいち早く、地方などで独自に、いじめ対策に取り組む動きも出始めています。そうした動きをいくつか紹介し、いじめに対する取り組みの具体的なヒントを探ってみましょう。

（1）子ども目線で──岐阜県可児市、滋賀県大津市の取り組み

地域全体で取り組む

岐阜県の可児《かに》市では、二〇一二年一〇月、全国で初めてとなる「子どもいじめ防止条例」（正式名「可児市子どものいじめの防止に関する条例」）を成立させました。全国で初めてという点でも画期的ですが、また条例の中身も優れたものとなっています。

可児市でも、過去に深刻ないじめ事件が発生しています。二〇一〇年六月、当時中学一年だった女子生徒が、二年生の女子生徒五人によって、椅子にしばりつけられて衣服を脱がされ、その様子を携帯電話のカメラで動画撮影され、その動画を複数の人にメールで送信される事件が発生したのです。学校側は、被害生徒から相談を受けて調査をし、最終的に、加害生徒と両親がいじめ行為を認め、謝罪しました。校長は「二度と起こらないように再発防止策を考えたい」と表明しました。

この年の一〇月に市長選で、いじめ対策などを公約として当選した市長が中心となって条例づくりを推進してきました。私自身も市長から直接相談を受け、教育臨床の知見から条例づくりのアドバイスを行いました。また条例制定後は、いじめ防止専門委員会特別顧問を務めています。

この条例の前文には、こう書かれています。

「子どもは、それぞれがかけがえのない存在であり、一人の人間として心も体も大切にされなければなりません。

子どもの心や体に深刻な被害をもたらすいじめは、子どもの権利を侵害するものです。このようないじめを防止し、次代を担う子どもが健やかに成長することができる環境を実現することは、社会全体で取り組むべき重要課題です。この考えに立ち、ここに、いじめの防止についての基本理念を明らかにしてその方向性を示し、いじめの防止のための施策を総合的に推進していくため、この条例を制定します」

つまり、いじめを深刻な人権侵害ととらえ、子どもが安心して生活し学べる環境づくりをするために、学校や教育委員会に任せるのではなく、地域全体として取り組むと宣言しているのです。そのうえで、市、学校、保護者、市民や事業者など地域の責務や取り組みについて規定しています（表４-２）。

表 4-2　可児市子どものいじめの防止に関する条例の概要

市は平成 24 年 10 月 3 日から「可児市子どものいじめの防止に関する条例」を施行します．いじめ防止は社会全体で取り組む重要課題であることを宣言し，その対策を実施するため条例を制定しました．

目　的

子どもが安心して生活し学ぶことができる環境をつくります．

基本理念

子どもが安心して生活し，学ぶために可児市全体でいじめ防止に取り組みます．

子どもたちは，日頃から思いやりをもって人間関係を築きましょう．

責　務

市は，いじめの防止に取り組み，必要な施策を講じます．

学校は，いじめの防止やいじめを把握したら早期に対策を講じます．

保護者は，子どもにいじめは許されない行為であることを理解させます．

市民及び事業者は，地域において見守り，声かけ等をして，いじめを発見した時は市や学校に通報，相談します．

取り組み

市と学校は，いじめ防止の啓発，人権教育の取り組みを行います．

市は，いじめ防止及び解決に向けた取り組みの支援をします．

学校は，子どもがより良い人間関係をつくるための支援をします．

市は，いじめを早期発見，対応するために，通報，相談ができる取り組みを行います．

学校は，子どもの状況を把握し，安心して相談できる取り組みを行います．

いじめ防止専門委員会の設置

弁護士や臨床心理士などの専門家が委員となり，通報及び相談のあった事案について調査，助言，支援などを行います．

是正要請

市長は，必要と認めるときは是正要請します．

委員会への協力

学校，保護者，市民，事業者及び関係機関は，委員会の活動に協力します．

報告・公表

委員会は，市長に活動状況等を報告します．市長は，報告の内容を市民に公表します．

出典：可児市のホームページ

第三者機関としての「いじめ防止専門委員会」

いじめ対策に地域全体で取り組むために、市民や事業者は、地域で積極的に子どもたちに声かけをして、いじめを発見した時には、市や学校に通報し、相談することとしています。そして、市は、いじめを早期発見、対応するために、通報や相談ができる取り組みを行わなければなりません。

そうした通報や相談体制に対応するために、条例では「いじめ防止専門委員会」の設置が規定されています。弁護士や臨床心理士などの専門家が委員となって、いじめの防止や解決のための協議を行い、学校などへ助言や支援、改善要請などを行います。また、子どもを見守り、子どもに寄り添うことのできる経験豊富な人を専門員として、学校に配置することなども取り決めています（図４-１）。

このいじめ防止専門委員会は、学校でも教育委員会でもない、いじめ問題に専門的に対応する第三者機関といえるでしょう。第５章でも詳しく検証しますが、このような第三者機関を設置したことは、とても重要なことです。

繰り返しますが、いじめの場合、被害者は親にも教師にも、なかなか被害の事実を訴えようとしません。いじめを目撃した子どもの場合も同様に、加害者からの報復を恐れて、口をつぐんでしまうことも少なくありません。

図 4-1　可児市のいじめ防止の仕組み
出典：可児市の「いじめ防止パンフレット」

しかし、いじめ防止専門委員会のような、第三者委員会が有効に機能すれば、子どもたちが被害を訴えたり、相談する際の受け皿となります。また、市は「心の電話相談」「いじめ相談24」といった相談窓口についての啓発も進めていますので、そこに相談した事案が、いじめ防止専門委員会に報告され、対応につながることにもなります。

こうした制度をつくることで、教師や学校が問題を自分たちだけで抱えて、より深刻化させてしまうことも防止できますし、問題の隠蔽を防ぐことにもなります。もちろん、保護者にとっても心強いでしょう。

子どもの目線で

可児市の子どもいじめ防止条例の最も優れている点は、あくまでも子どもの目線に合わせてつくられているところです。条文は、すべて「です」「ます」で記述され、わかりやすい言葉づかいが意識されています。

また、国のいじめ防止対策推進法がそうであるように、いじめに関する法律や条例などの規定は、ともすると子どもに「いじめをするな」と上から押し付けるような内容になりがちです。そして、厳罰の罰則規定によって、子どものいじめを抑止するという方向に傾きがちです。

ところが、可児市の子どもいじめ防止条例には、そうした規定はありません。いじめを防止することを、むしろ大人の側の義務としてとらえ、責務や取り組みに関しては、市、学校、保護者、市民や事業者など地域についてのみ規定しています。子どもたちにとっては、安全・安心な学校生活が保障されることは、当然の権利なのです。

しかも、この条例を子どもたちに周知させるために、小学生に対しては「小学生のみなさんへ　みんなで「いじめ」をなくそう！」、中学生に対しては「「いじめの根絶」を全力で進めます！」と書かれたチラシをつくり、大人の側から子どもたちに呼びかける姿勢をとっています。さらには、条例の内容をイラストなども使いわかりやすくまとめた冊子もつくっています。小学生用の表紙には「やっちゃだめ！　自分がされていやなこと」、中学生用には「その勇気いじめをなくすかぎになる」と書かれてあり、保護者用には「子ども一人一人のしあわせを願って」とあります。

条例をつくる過程でも、積極的に子どもたちの声を聴き取り、それを実際に条例に反映させています。子どもたちの問題について、一番よく認識しているのは、いうまでもなく子どもたち自身だからです。したがって、子どもたちの目線が反映されておらず、大人たちの独善的な視点だけでつくられる取り決めには、実効性がほとんど伴わないのです。

子どもたち自身の手で

実は、この条例ができる以前から、可児市では、子どもたちの手でいじめ防止対策を進めてきた学校もあります。

同市立の蘇南《そなん》中学校では、かねてより生徒たちで「いじめ追放集会」を毎年、開催してきました。それを、二〇一一年度から「ほほえみ集会」と名前を変えて、より活発に進めています。いじめ行為をなくすだけでなく、温かい言葉がけや行動を意識する、思いやりの心を全校で育て、笑顔でいっぱいの学校にしようという思いで、毎年秋に、全校生徒による集会を開催し、いじめなどについて、意見を交わし合います。生徒会執行部では、集会の前に、生徒たちに向けて「クラスにいじめがあると思いますか?」「蘇南中にいじめはあると思いますか?」といったアンケートをとり、それらをもとに集会で議論をします。

実際にアンケートをとると、「いじめがある」という回答は、けっして少ない割合ではありません。こうした結果を見て、「子どもたちのいじめ防止対策はうまくいっていない」という見方をする人もいるかもしれません。しかし、むしろ、子どもたちの意識が高いからこそ、いじめを見過ごさず、いじめを直視している結果の値ともいえるのです。また、子どもたちどうしだからこそ、率直な回答が得られているとみることもできます。教育委員会が行う形骸化したアンケート調査などより、よほど有効性は高いでしょう。

二〇一二年度の「ほほえみ集会」では、「ダメだと分かっているのに、周りに流されていじめをしてしまう。また、いじめを止めろと言えない」という正直な意見が出され、それを生徒一人ひとりがどう受け止めるか、いじめを止める、あるいは止めさせる行動をどう具体化できるのか、生徒たちが話し合いました。そうした集会での話し合いを、実際の学校生活の中で活かすべく、各学級の「ほほえみ宣言」が出されます。そこでは、「されてイヤなことはしないされてうれしいことをする」「NGワードを言わない　NG行動をしない」「「どうしたの？」「大丈夫？」と言える人になろう」などの宣言が出されています。

こうした子どもたち自身の手による、いじめ対策の実践も、可児市の「子どももいじめ防止条例」の成立に活かされたのでしょう。子どもたちの目線で、そして、子どもたちを主体に。いじめ対策の基本がそこにあることを、大人たちは忘れてはなりません。

私自身も二〇一二年に、市内の五つの中学校をすべて訪問し、いじめをどう克服していくかをめぐって、中学生全員と交流を行ってきました。彼らなりに苦悩しながらも、率直にそこに向き合う姿勢に、大いに励まされました。

課題が残された「大津市いじめ防止条例」

大津事件のあった滋賀県大津市でも、事件の教訓を踏まえて、二〇一三年二月、「大津市いじめ防止条例」を制定しました。条例をつくって、市全体として取り組む姿勢は評価できますが、この条例には、様々な問題が残されたのは残念です。成立過程においても、市民などから多くの問題提起がなされています。

まず、条例案は、二〇一二年九月ごろに大筋の内容が決められ、一〇月中旬より市民から意見をつのるパブリックコメントが開始されました。第3章でみたように、その時期は、まだ第三者委員会が事件の事実関係について調査を行っている段階です。市長の付属機関として正式に認められていた第三者委員会の調査結果を待たずに、条例づくりを先行させたのです。事件の教訓を条例に活かそうという姿勢があったのか疑われます。

また、条例案をつくるにあたり、子どもや市民、関係者などの声にきちんと耳を傾けていないのではないか、という問題もあります。パブリックコメントで、事後的に市民の声を集めるのではなく、むしろ、条例案づくりの段階で、当事者である子どもや市民の声を吸い上げ、それを条例に反映させるべきでした。

こうした成立過程での問題は、実際の条例にも課題として残される形になりました。すなわち、可児市の条例にみられるような子どもに寄り添う視点が、大津市の条例では弱いのです。

例えば、「市の責務」(第四条)、「市立学校の責務」(第五条)、「保護者の責務」(第六条)と並んで、「子どもの役割」(第七条)という規定があります。当初案では、「子どもは(中略)いじめのない明るい学校生活に努めるものとする」(第一項)、「子どもは、いじめを受けた場合には、一人で悩まず必ず家族、学校、友達、及び関係機関等に相談するものとする」(第二項)、「子どもは、いじめを発見した場合(いじめの疑いを含む。)及び友達からいじめの相談を受けた場合には、家族、学校及び関係機関等に相談するものとする」(第三項)とありました。

本書でもみてきたように、子どもたちは、いじめを受けたり、いじめを目撃しても、なかなか相談できずに困っているのです。にもかかわらず、相談しなければならない、などと子どもに義務を課したところで、はたして効果があるでしょうか。これでは、ますます子どもたちを苦しめるだけです。そもそも大津事件では、生徒たちは、いじめを目撃し、教師に報告していました。にもかかわらず、適切な対処がなされなかったのです。大人や学校側にこそ深刻な問題があったのではないでしょうか。第三者委員会の調査結果を踏まえていないことの問題点が、こうしたところにも表れています。

結局、市民などからの問題提起を受けて、「相談することができる」などと文言を一部修正しましたが、「子どもの役割」という条項は残ることになりました。繰り返しになりますが、子どもは、いじめから守られ、安全・安心な学校生活を過ごす権利こそ有しているのであり、守る義務は大人の側にあるのです。

事件の教訓を活かすために

いじめ防止条例に課題は残されたものの、大津市では、二〇一三年四月、「大津の子どもをいじめから守る委員会」を設置し、さらに「大津市いじめの防止に関する行動計画」の策定を目指すなど、具体的な対策に力を入れ始めています。

学校に対しては、二〇一三年度より、当初予算案に人件費約二億三〇〇〇万円を計上し、いじめ問題を専従として扱ういじめ担当教員を市内の山間部の小規模校二校を除く、全校に配置しました。大津市の財政から考えると、かなりの額ですが、それだけ、いじめ問題を重視していることの表れです。

市教委の中にも、いじめ問題に直面した教師から相談を受ける「いじめ対策等専門員」（一名）を配置しています。子どもたち向けにも、「おおつっこ　ほっとダイヤル」という、子どもたちが電話でいじめについての相談をできる窓口をつくるなどしています。

このように市として、事件の教訓を活かして、いじめ問題を克服するための様々な取り組みが行われています。取り組みの成果が、どのように表れていくのか、注目されるところです。

（２）子ども主体で——足立区辰沼小、愛知県東部中学校の取り組みなど

辰沼キッズレスキュー

可児市や大津市のように、条例を制定するまでには至らなくても、各学校で、子ども主体のユニークないじめ対策を行っている事例も現れています。子ども主体という点では、足立区の辰沼《たつぬま》小学校の取り組みは、注目すべきです。

辰沼小では、二〇一二年一〇月、児童会が中心となり、「いじめを、しない、させない、ゆるさない」をスローガンに、「辰沼キッズレスキュー（Ｔ・Ｋ・Ｒ）」を結成しました。全児童数四六六名のうち全学年から一八六名が隊員となり、翌一一月から行動を開始しています。いじめに悩む児童の相談を受けたり、当番制に班分けされた一五人程度の隊員が緑の鉢巻と腕章をつけて校内をパトロールしたりしています。

児童代表と相談を重ねながら、この取り組みを進めてきたのは、同小学校の仲野繁校長です。

三〇年以上にわたる教員生活で、生徒指導を担当してきた仲野校長が、児童会に、子ども自身によるいじめ対策を提案したことが、「キッズレスキュー」の発足につながりました。仲野校長は、「これまでは教師が介入し、事態の収束を図ってきたが、それだけでは足りないと感じていた。子どもたちに解決能力がないと、再発防止にもつながらない。また、いじめられている子どもは弱い自分を親や教師に知られてしまうと思って、なかなか人に言えない。子どもにもプライドはある。そこを考えないといけない」と述べます(『東京新聞』二〇一二年一一月一三日付)。

大人が努力をするのは当然としても、それだけでは足りない。大人が子どもの心を知るには限界がある。子どもの世界で起きていることであるならば、子どもの力を借りて、子ども主体に進めなければ真の解決に結びつかない。仲野校長はそう考えたといいます。

隊長となった六年生の児童は「いじめに悩んでいても大人に言えないこともある。何を、いじめとするのか難しいことも多いと思う。自分たちで判断するのは不安だけど、困っている子の話を聞いて、いじめが起きにくい学校にしたい」と決意を語っています(同前)。

このように、子ども自身が立ち上がり、実効的ないじめ対策に取り組むということは、とても画期的だと思います。大人と違い、子どもたちは、時には雰囲気だけでも、いじめがあるかどうか察することができます。「レスキュー」と名乗っている以上、いじめの存在を見て見ぬふりはできませんし、子どもどうしなので相談しやすいということもあります。また、学校全体の意識改革としても重要だと思います。

大河内君の遺志を継いで

第1章でも触れましたが、一九九四年、愛知県の中学二年生だった大河内清輝君がいじめを苦に自死する事件が起きています。第二のピーク期にあたる事件です。この事件が起きた西尾市立東部中学校では、大河内君の事件を教訓とするために、生徒で話し合い、いじめを解決する活動が続けられています。この取り組みも、子ども主体の活動として注目すべきものです。

一九九四年一一月に大河内君が亡くなってから二カ月後の九五年一月、当時の三年生の生徒会が中心となって「いじめバスターズ」を結成します。この活動が、現在まで引き継がれ、発展する形で「ハートコンタクト」として続けられているのです。

「ハートコンタクト」には、全校生徒の五分の一にあたる約六〇人が参加しています。毎月三回、給食の時間を利用してミーティングを行い、生徒間で何かトラブルが起きていないか、など話し合います。また、大河内君の命日の前後には学年集会を開催し、学年別にテーマを分けて発表を行います。発表の方法は、創作寸劇であったり、ディスカッションであったり、多様です。一年生は、大河内君の遺書を読むのがならわしです。一年生にとっては、とても辛い体験ですが、そうした活動を通して、いじめがいかに人を傷つけるものなのか、一人ひとりが深く感じられることでしょう。

また、「ハートコンタクト」に参加する生徒は、大河内君の命日の前後に、大河内君の実家を訪れ、仏壇の遺影に手を合わせ、父親の祥晴さんに活動の報告を行っています。祥晴さん自身、いじめをなくすために、全国の学校で講演活動を行い、多くの子どもたちとの交流を続けています。

過去の深刻な事件に、子どもたちが真剣に向き合い、そこから教訓を引き出していく。そして、二度と同じ事件が起こらないように、子どもたち自身の手で、対策を考え、実行していく。いじめの問題を、自分たち一人ひとりの問題として内面化させており、とても優れた実践といえます。

地域市民と学校を結ぶ市民参加型の「愛知サマーセミナー」

もう一つ、地域・学校における子ども主体の取り組みを紹介しておきましょう。愛知県では、地域市民と学校が結びついた市民参加型セミナーである「愛知サマーセミナー」が二〇年以上にもわたって続けられています。「地域に開かれた学校」を目指し、地域市民を巻き込んだ教育として一九八〇年代からスタートした、非常に先進的な取り組みです。

毎年、七月の三連休に、夏休み中の学校の教室を利用して開催されます。公式ホームページにはセミナーの様子が次のように伝えられています。

「ある教室の教壇の上では、一人の女子高校生が愛する偉大な作家について熱弁をふるう姿があります。別の教室ではお母さんが得意なエレクトーンのレッスンの真っ最中、ほかにも著名なトップアスリートが彼の人生を語っていたり、小学生相手にカブトムシの飼い方についてて教えている教室もあります」

「誰でも先生、誰でも生徒、どこでも学校。教えたいことを教え、学びたいことを学ぶ」をキャッチコピーとし、子どもも大人も隔てなく参加し、誰でも教える側にも学ぶ側にもなれるセミナーなのです。

初年度の講座数は七二でしたが、二五回目を迎えた二〇一三年は二〇〇〇講座が開講され、うち五〇〇講座が高校生たちが主体となって進められました。三日間で五万人以上が集いました。

このセミナーは、いじめ対策に特化したものではありません。しかし、すでにみてきたように、今日のいじめの背景として、子どもたちの関係が多様性を失ってしまっていること、学校が地域から孤立し、閉鎖的になっていることなどがあります。したがって、学校を地域に開き、子どもに学校の中だけではない多様な人間関係を築かせようとする、このセミナーの試みは、いじめ対策としても大いに有効なのです。

実際、私は二〇一三年のセミナーに、参加者とともにいじめ問題を考えるための講師として参加することになりました。セミナーが開催される三カ月前、私のところに高校生から、セミナーに講師として参加してほしいと希望する手紙が届きました。講演のテーマは、いじめ問題です。その手紙には「大人だけで子どものいじめについて議論するテレビ番組は何度も放送されていますが、いじめ問題と直接関わっている当事者こそ、いじめ問題と正面から向き合わなければならないと強く思います。どうか私たちと一緒に、この国のいじめ問題と向き合って考えて、「なぜいじめはなくならないのか」の答えを探していただけませんか」とありました。私が二つ返事で引き受けたことはいうまでもありません。当日は大学の六〇〇名収容の大教室に七〇〇人以上の生徒・市民が集まり、それでも入りきれない一〇〇人以上にはお断りするほどの関心を集めました。

講演会では、過去にいじめを体験した五人の高校生が司会・進行、討論に参加。「友だちが〝菌〟と呼ばれていたけど自分もいじめられたくないので同調してしまった」と告白するなど、深刻ないじめの実体験や解決法を熱心に話し合いました。具体的な解決策としては、①「学校に代わる居場所」の確保、②「相談できる人」を見つける、③「自分らしい活動」をする生活づくり、といった三つのポイントが挙げられました。これらがあれば、教室という狭い空間に閉じ込められがちな学校生活の閉鎖性を打破し、現在自分が置かれている状況を俯瞰し、客観視することができるというのです。自身の体験に裏打ちされながら解決への道筋を提起したのです。

参加した高校一年の生徒は、「クラスにいじめられている子がいる。今までは知らないふりをしていたけど、言葉をかけてあげようと思った」と話してくれました。

いじめ問題解決のカギは、何よりも児童・生徒自身がいじめを敏感に察知し、乗り越える勇気と知恵をもてる「学校づくり」に踏み出すことです。そして、大人は子どもの声に耳を傾け、子どもの力を信じてバックアップすることです。私も、子ども発・子ども主体のいじめ解決パワーに圧倒された一日でした。

主体は子ども

ここに紹介した以外にも、様々な地域や学校で独自の取り組みが行われています(和歌山県の「きのくに子どもの村学園」などの優れた取り組みについては、拙著『いじめ問題とどう向き合うか』など参照)。重要なことは、子どもたちが主体となって進めていることです。子どもたちが実際の活動を通して、いじめが人権侵害であることを学び、どう解決するかを学んでいくことです。いじめ防止対策推進法を、加害生徒を厳罰化するという側面を強調して運用していくのではなく、地域や学校での取り組みにつなげ、そこから、子どもたちの主体的な取り組みを引き出していく方向で活用していくことが強く望まれます。

第５章

いじめ問題を克服するために

最終章となる本章では、前章までの議論を踏まえて、どのようにすれば、いじめ問題を包括的に克服できるのかを考えたいと思います。すでにそこに至る具体的な方向性などは、いくつか示してきましたが、それらも含めて、いじめ問題の克服が社会全体にもたらす意味など、大きな視点から論じます。

すでに本書でみてきたように、いじめを単に子どもどうしの「遊び」や「ふざけ」とするような誤解や、いじめを軽視するような風潮は、残念ながら、いまも日本社会には根強くあります。例えば、「やられたらやり返してもよい」「やり返すぐらいの強さも必要」と大人から教わったことがある児童・生徒は、小学生が三五・九パーセント、中学生が四四・三パーセント、高校生が五〇・二パーセントといった調査結果からも、大人や社会の側のいじめに対する認識不足が如実にうかがえます(ジェントルハートプロジェクトによる調査。二〇一二年一〇月〜二〇一三年五月、八六三二人を対象に実施)。そうした状況が、いじめられるほうにも問題があると、いじめを放置したり、あるいは、誤ったいじめ対策を進めて、子どもたちをさらに追い詰めてきました。

いじめが日常的に横行し、いじめを苦に子どもが自ら命を落としてしまう痛ましい出来事が何度も繰り返されてきました。こうした子ども世界の深刻な事態に真剣に向き合い、克服しようとしないのであれば、それは大人の世界においても人間を大切にしない社会といわざるを得ません。その証拠に、大人社会に目を向けると、一九九〇年代後半から、様々な要因で毎年約三万人もの自死者が出ています。その意味では、いじめ問題に向き合うことを通して、人間を大切にする社会を築けるかどうかが私たち大人にも鋭く問われているのではないでしょうか。

したがって、いじめ問題を、単に子どもだけの問題ととらえるのではなく、企業や地域も含めた私たち社会全体の問題としてとらえることが大切です。いじめ問題に向き合うことは、すなわち、一人ひとりの人間を大切にする、真に豊かな社会をどう築いていくか、という壮大な課題につながっているのです。いま求められているのは、小手先のいじめ対策ではなく、人権を尊重し、民主主義を成熟させる大きなビジョンをもった、根本的な克服策です。

1　教育の目標を根底から問い直す

いじめ問題を克服するためには、いうまでもなく、教育や学校の役割が重要です。日々、子どもたちが集まり、生活をする学校は、子どもたちにとっては最も安心で安全な居場所でなければなりません。また、成長過程にある未成熟な子どもたちを、きちんと社会生活を送れるように育てることは教育の重要な役割です。いじめをいけないものとして認識し、人を傷つけたり、人権を侵害する行為をしない人格を育てる必要があります。

しかし、実際には、日本の学校は、いじめの深刻化を許し、また第3章でも指摘したように、日本の学校文化そのものがいじめを生みやすい環境に満ちています。その意味では、これまでの学校や教育のあり方を、根本的なところから問い直す必要があるのではないでしょうか。そして、そのことは、単にいじめ問題の克服にとどまらず、学校は子どもたちをどう育てていくのか、いま求められる教育の目標とは何か、といった本質的な課題を考えることにつながっていくのです。

(1) これまでの教育改革を点検する

前のめりの「教育改革」主義がもたらしたもの

これまで日本では、様々な教育改革が行われてきましたが、二〇〇〇年代以降は、政府主導による急進的な教育改革が推進されてきました。第1章、第2章でも検証しましたが、「聖域なき構造改革」を掲げて、教育の世界にも、全国一斉学力テストや小中学校における学校選択制などを導入し、競争主義を浸透させていきました。そして、教師には数値目標をともなった成果主義を導入し、上からの管理統制を徹底させました。さらに、教育基本法の改正による、愛国主義的な教育の導入なども有無をいわせず進められてきました。

はたして、こうした教育改革が本当に、日本の教育が抱えている問題点を的確に抽出し、そのうえで認められた課題を克服するという科学的で丁寧な過程を踏んで進められてきたのかどうか。むしろ、その時々の為政者の「改革しなければ」という前のめりの主観によって、急進的に進められてきただけなのではないでしょうか。そのために、教育現場は振り回され、無用な多忙化を生みだすことになっているように感じます。

いじめに関していえば、成果主義は教師や学校の隠蔽体質を強め、さらに、学校選択制は学校と地域とのつながりを希薄にし、保護者らとともに学校をつくっていくという共同責任を喪失させる流れを進めました。そのことが、学校の密室性や地域からの孤立を強める結果にもつながったのです。

共同と創造の教育改革こそ

政府は現在も、さらに様々な教育改革を進めようとしています。

民主党政権時に一度中断した全国一斉学力テストを悉皆《しっかい》調査（調査対象者から数名を抽出して調査するのではなく、対象者全員を調査する方法）として復活させ、また教育再生実行本部の第一次提言では「グローバル人材育成」「英語教育の抜本的改革」「国家戦略としての情報通信技術

（ＩＣＴ）教育」といった言葉がうたわれています。その一方で、そうした言葉とは逆向きの「道徳の教科化」や「日本の伝統文化に誇りの持てる教科書」づくりなども打ち出されていま す。こうした内容をみる限り、基本的には、新自由主義的な側面と、国家主義的な側面を（矛盾しながらも）さらに加速させるような方針といえるでしょう。

確かに、現在、多くの国でも、グローバルな世界を生きる人材を育てることに重きを置いています。しかし、それは、自国の文化や立場の正当性ばかりを主張するような人材ではなく、後に検証する子どもの権利条約の第二九条にあるような、民族や文化などの違いを認め、そのうえで、他者とコミュニケーションをとり、協働していける人材の育成を目標としているのです。すなわち、民族や文化の差異など国際的な社会関係を視野に入れたグローバルな視点と、自分たちの身近な地域や周囲の人間関係に根差したローカルな感性を備えた人材です。これは、今日の日本の教育改革にみられるような、国際社会で勝ち抜くことを目的とした表層的なエリートの感覚と、国家主義的な感性の「共生」を目指すような発想とは、まったく意味が違います。

学校現場の状況と課題を客観的に分析し、国際的な教育の動向などを認識さえできていれば、このような教育改革が進められることは考えられません。いま必要なのは、学校を管理・統制する「競争と破壊の教育改革」ではなく、「共同と創造の教育改革」なのです。そのことが、いじめ問題の抜本的な克服にもつながっていくことになります。

（2）教師の力をどう発揮させるか

教師の多忙感を「やりがい」と「充実感」に

では、具体的にどのように変えていけばよいのでしょうか。

まず、重要なのは教師の多忙化の問題です。このことについては、第3章でも触れました。教師の多忙化によって、子どもたちの情報を共有するなど教師の同僚性が失われ、そのことが、いじめ問題に的確に対応できない要因ともなっているのです。

実は、私自身は、多忙であること自体がそれほど大きな問題だとは考えていません。もちろん、教師に時間的・精神的なゆとりがない状況は、子どもによい影響を与えるはずがないことは確かです。しかし、問われるべきは、多忙化の中身です。仮に、子どもたちのために多忙になっているのであれば、教師はそれほど疲弊しません。教師は本来、子どもが好きです。子どものためになっているという実感がもてれば、忙しい状況であっても、教師としての喜びが増し、子どもの成長の役に立ったという「自己有用感」をもつこともできるからです。

しかし、いま教師たちが多忙なのは、子どもたちのためではないのです。書類や事務作業などがたくさんあります。特に、文科省や、都道府県、市区町村などから送られてくるアンケート調査、あるいは通知や通達などがものすごい数量なのです。数年前、私が出演したテレビ番組で調査したところ、一年間に一四〇〇通も学校に調査書類が送られていました。

こうしたアンケート類は、学校でいじめ事件などが発覚した場合、学校や教師が、いじめの実態を把握していたか、子どもたちに何か異変を感じなかったか、といったことを調査するために送られてくるのです。もちろん、こうした調査自体は必要かもしれませんが、多くの場合、その目的が形骸化してしまっています。こうしたアンケート調査類は、教育委員会や自治体が、議会で議員に追及されたり、あるいはマスメディア向けに記者会見を行う際に、それらの追及をかわすために使われるのがほとんどです。

競争主義の教育改革によって孤立した学校では、一人ひとりの子どもを守ることよりも、学校という自らの立場を守ることが優先されがちです。学校を吟味・選択する「消費者」としての保護者に対する、形骸化した「説明責任」に追われることになるのです。真相を追求して開示するよりも、「消費者」からのクレームを処理することが優先されるからです。

第4章で、いじめ防止対策推進法に反対する意見として、教師の多忙化を加速させるという見方を紹介しました。しかし、繰り返しますが、いじめとは子どもに対する重大な人権侵害であり、命にかかわる問題です。そうであるなら、いじめ問題、つまり子どもの人権問題を学校教育の中心に据えて、逆に形骸化した業務のほうを減らしていくべきではないでしょうか。

もちろん、これは教師個人の努力だけでは限界があります。これまでの教育改革や日本の学校文化のあり方と、教師の多忙化は深く関わっているからです。政府が責任をもって、いじめ防止対策推進法を成立させたのなら、それを実効性のあるものにしていくためにも、これまでの教育改革の方向性を大胆に転換させ、教師の多忙化、学校の疲弊化を解消し、学校を子どもたちが安心して生活していける場に変えていくことも、政府の責任といえるのではないでしょうか。

教師が子どもたちのために働くことを促進し、多忙感を「やりがい」と「充実感」に変えていく教育改革こそ必要なのです。

いじめを防止するための研修制度

いじめが発生しても、教師が適切に止められないのは、教師のいじめに対する理解が不十分であったり、具体的にどのように対処すればよいのかわからないというケースが少なくないからです。したがって、教師に対して、いじめに関する研修を課すことを検討すべきです。いじめに対する理解を促し、いじめの予防と早期発見の仕方、いじめへの介入・対処法、さらにはケアの方法などの研修が求められます。第４章でみたように、マサチューセッツ州の「いじめ対策法」では、教師の研修が採用されており、いじめ防止対策推進法でも、第一八条で教師の研修などを計画的に行うことが規定されています。

研修には、教員養成課程の段階で受ける内容と、教師になって現場に入ってから定期的に受けるものとの両方が考えられます。現在、教師に課されている研修には、形骸化したものもけっして少なくありません。実は、そのことも教師の多忙化を推し進める大きな要因となっているのです。したがって、研修の形骸化を防ぐためにも、研修を受ける教師が、教育政策や保護者対応、子ども理解などを研修することはもちろん、常に自分の学校や学年、クラスなどの現状に活かすためという具体的で実践的な目的をもつことが大切です。そして、「いま、何が必要なのか」について研修者の間でしっかりと議論しながら課題を解決していかなければなりません。

また、いじめに関する研修においては、現代のいじめの特徴はもちろん、子どもの権利条約や思春期特性への理解などを身につけることも不可欠です。後述するように、子どもの権利条約の内容が学校や教師の間にほとんど浸透しておらず、そのことが、学校においていじめの問題性が理解されず、軽視されることにつながっています。また、思春期特性への理解が乏しいことも、いじめを深刻化させている一因であることについては、大津事件が具体的な教訓となっています。

（3）学校文化、教育目標の転換

「集団」を優先する教育、「個」を尊重する教育

次に、いじめを克服するための学校づくりについて考えます。

集団を優先させる日本の学校文化は必然的にいじめを生みやすい環境をつくることについては、すでに指摘した通りです。これは、子ども一人ひとりの「個」を大切にしない教育を行っていることの裏返しでもあります。学力テストなどが特に顕著ですが、日本では、他者との比較・競争が学校教育の中心に据えられています。

しかし、本来、重要なのは、自分が生きていくうえで必要な力を身につけられたか、いかにその力を伸ばすことができたのか、といった視点です。それは、他者との比較ではなく、自分自身がどれだけ進歩・成長したのかという、自らの内との比較という視点です。ヨーロッパなどでは、このように「個」に重きを置いた教育が主流となっています。

それは、グローバル社会を生きていくうえで、自ら主体的に考えて、行動していくことが求められているからです。受動的に与えられた知識だけでは、ますます多様化していく社会を生き抜いていくことはできません。新たな課題に向き合い、未来を切り拓いていく発想とスキルが求められているのです。そして、このことは、いじめ問題を克服する際にも共通する重要な

視点となります。

「教育の自由」と「個」の尊重を掲げるオランダ

先進国の中でも、特にオランダの教育は、集団に重きを置く日本の教育とは対極にあります。日本の学校づくりを考えるうえで、オランダの教育のあり方を検証することはとても有効です。オランダ在住の社会・教育研究家リヒテルズ直子さんの報告などをもとに考察してみましょう(リヒテルズ「画一教育・競争社会では「いじめ」はなくならない」尾木『いじめのない学校といじめっ子にしない子育て』ほんの木所収)。

オランダは、ワークシェアリングを導入した国としてよく知られています。「生活を楽しむ」ために働き、一人ひとりの労働時間を減らすことで、労働を分かち合う。一人当たりの年間労働時間は一三九一時間に過ぎませんが(日本は一七八四時間)、生産効率は日本の一・五倍に当たる五一・二ドル(一時間当たり。日本は三五・六ドル)を達成しています。ワークシェアリングの導入で、失業率も減り、女性の社会進出も活発です。

こうした政策により「共生社会」を目指す一方、教育でも大きな成果をあげています。教育においては「平等」「機会均等」の確保を重視していますが、最も特徴的なのは「教育の自由」です。一定の生徒数(二〇〇人)さえ集めることができれば、市民団体でも文字通り誰でも学校を設立することができます。教育方法や理念、教育実践も完全に自由です。国による統一された教科書もありません。私学であっても校舎は市が支給し、経費や授業料は、国が公立同様の補助金を払ってくれます。少数派や弱い立場の人々にも自分の思想と価値観で行動し、生活する自由が保障されているのです。

しかも個人がいかに知識・技能を習得し、成長・発達をするかが徹底的に重視されます。そのため、小学校（四歳を迎えた翌月から通うことができます）の時間割についても、教師の援助を受けはしますが、基本的には自分で決定できます。子どもたちが自ら、自分たちの才能をどう伸ばしたいかを考え、個別に到達目標が設定されます。その目標に沿って、必要な科目を履修するのです。ですから、同じ授業を、例えば、小学一年生と三年生が一緒に履修しているという学校もあります。そして、学校はその習得が達成できるように、一人ひとりの学力獲得に明確な「基準」と「責任」をもっているのです。

オランダでは、学校運営に子どもたちも参加します。全学校に教職員や保護者、生徒の代表が集まって意見を述べる「経営参加委員会」が設置され、子どもたちには「同意権」や「勧告権」が付与されています。

このようにオランダでは、寛容の精神と民主主義思想が社会全体の日常生活にまで浸透しています。子どもたちが社会を構成するパートナーであり、学校づくりと学びの主体として重要な役割を担っているのです。日本のように学びが機械的な暗記中心の認知主義に陥らず、生活に直接結びついて定着・発展させていくのです。

日本のようにクラスが固定され、授業もクラス単位で受けるような方法では、子どもの人間関係も固定化され、閉鎖的になりがちです。第2章でもみたような「仲良しグループ」による閉じられた関係がつくられ、その関係性の中でいじめも発生しやすくなります。しかし、オランダの場合は、クラスが固定化されておらず、様々な人と関係を結ぶことができます。すなわち、いじめも起きにくい環境となっているのです。

しかし、大切なことは、いじめ対策として、そのような制度を取り入れているのではなく、「個」としての子どもの成長・発達を目標とする思想と制度が、結果的に、いじめのような人権侵害を生みにくい形に重なっていることです。「教育の自由」の尊重や、学校運営への子どもの主体的な参加なども、同様のことがいえます。

シチズンシップを養うための教育

オランダでは、「市民性(シチズンシップ)」を養うことについても、大きく力を注いでいます。では、シチズンシップとはどのようなものなのでしょうか。

第4章で、いじめに対する取り組みについて、子どもが主体となることの必要性を説きました。すなわち、子どもを単に大人から指示を受け、保護されるだけの受動的な存在としてではなく、自らが問題に向き合い、それを克服していく主体的な存在として認めることです。こうした発想は、いじめ対策に限られるものではありません。学校づくりにおいても、子どもが意見を表明し、主体的に参画していくことが大切なのです。そうすることで、自分が単に学校や教育の場において受動的な存在ではなく、自らが学校をよりよいものに創り上げていく当事者であるという自覚や責任感をもつことになります。そのことが結果的に、いじめが起きても自分たちの力で解決できる、いじめのない学校・学級づくりに発展していくのです。しかも何よりも重要なことは、こうした自覚や責任感がやがて社会に出たときに、当事者として社会に参画していく主権者意識を育むことになるということです。

市民としての当事者意識をもち、社会に参画していく力を、アメリカやヨーロッパでは、シチズンシップと呼びます。そして、その力を育むことを公教育の目標の一つとして採り入れてきた歴史があります。また、近年、こうした教育は「シチズンシップ教育」と呼ばれて、グローバル化が進む中で、さらに重要視されるようになっています。

例えば、イギリスでは、二〇〇二年にトニー・ブレア首相のもと、義務教育課程でシチズンシップ教育が必須科目となりました。アメリカでは、一九八二年に成立した法律により連邦政府から各州に対して、シチズンシップ教育の実施に対する補助金が与えられました。すなわち、欧米諸国では、大人になったときに、社会の当事者としての自覚をもち、民主主義を担っていく意識や力を養うことに教育の力点を置く流れが強まっているのです。

オランダの場合、二〇〇〇年ごろから、教科学習の他に、社会性や情緒性の発達に関わる指導を学校教育の一環として行う姿勢を強めています。社会性と情緒発達への支援は、シチズンシップ教育として初等・中等教育で義務化されるようになりました。

オランダのシチズンシップ教育では、市民性を三つのカテゴリーに分けてとらえています。第一は、法規の遵守・道徳的行為など「個人の責任」、第二は「社会参加」、第三は「社会的正義」です。例えば、目の前に困っている人がいた場合、声をかけたり助けたりすることが「個人の責任」であり、貧困をなくす運動や障害者差別をなくす運動などに関わることが「社会参加」であり、貧困の存在や障害者差別がなぜいけないのかを考えるのが「社会的正義」となるわけです。特に第三の社会的正義については、日本のように知識偏重の教育では身につけられません。自ら考え、自分自身を見直す訓練がなければ育たないからです。

オランダで最も広く普及しているシチズンシップ教育に「ピースフル・スクール・プログラム」というものがあります。ここでは、四歳から一二歳までの幼児・初等教育期の子どもたちに、毎週一回ずつ、三〇分から四〇分の授業を行って、市民性の育成をうながします。年間に六つのテーマ（「私たちはみんな一緒」「紛争を自分たちで解決する」「私たちは互いに耳を傾ける」「私たちは互いに心を持つ」「私たちはみな小さな貢献をする」「私たちは皆一人ひとり違う」）を立て、テーマごとに数回の授業を行います。そこでは、いじめなど、実際に教室で起きた身近な問題などを取り上げ、ロールプレイや話し合いを通して、子どもたちが主体的に学ぶことになります。

同時に、外部の支援者が、学校の職員全員にワークショップを行い、生徒に対する「民主的な」態度や行動を身につける練習もさせています。

このように、いじめのような「不正義」を克服していく努力を、オランダは授業の中で幅広い観点から実践しています。しかも重要なことは、いじめ問題の克服を、いじめ対策だけにとどめるのではなく、シチズンシップを養うことで実現しようとしている点です。教育の目標に、シチズンシップを養うという大きな課題を掲げ、実践していくことが、結果的にいじめを生まない学校づくり、いじめを許さない子どもの人格形成へとつながっていくのです。

このようにオランダの例をみてくると、どのような主権者を育成するのかというビジョンと、そのための三つのカテゴリーから成るシチズンシップ教育の重要性が明らかになります。

シチズンシップの希薄な日本社会

一方、日本に目を向けた場合、シチズンシップ教育の視点が、子どもたちの教育課程においてほとんど採用されていないことがわかります。だからこそ、その結果として、社会における人々の主権者意識、当事者意識も希薄にならざるを得ないのでしょう。

少し、いじめ問題と離れるかもしれませんが、例えば、日本の選挙における低投票率は、そのことを象徴的に表していると思います。低投票率の背景には、投票しても政治は変わらないという諦めや、そもそも政治に関心がないというものなど、様々にあると思いますが、いずれにも共通しているのは、自分たちが政治を支え、社会を切り拓く当事者であるという意識の欠如です。すなわち、市民としての自覚をもち、自らの力を社会のために発揮させようとする意識が弱いのです。

これまでも繰り返し述べてきましたが、いじめをなくすための対策として、日本では、加害者の厳罰や、子どもに対して道徳教育を強化して規範意識を押しつけていくことばかりが強調される傾向があります。しかし、それでは、学校に対する当事者意識も、責任感も養うことはできません。

どうやったら、いじめのない学校をつくっていけるのか。自らが主体的に考え、他者と協力していくことこそが、いじめを克服する本来の道筋だと考えます。第3章でも述べましたが、「消費者」として、魅力的な学校を「選択」するのではなく、魅力的な学校を自らが他者と協力してつくっていく。そうした発想、すなわちシチズンシップ教育の視点が、いじめ対策にも大切なのです。

学校文化を支えるヒドゥン・カリキュラムを問い直す

以上のような分析を踏まえたうえで、では、日本の学校文化、教育の目標をどのように変えていくことが必要なのでしょうか。そして、そのことを、どのようにいじめ問題の克服という課題に結びつけていくことができるのでしょうか。

私は、いじめ問題を克服するための学校づくりとして、「人権尊重のシチズンシップ教育・愛とロマンの教育」という高い目標を掲げることを提唱しています。具体的には、①人権侵害であるいじめ問題をシチズンシップを養うことで克服する、②子どもに対しては体罰などのペナルティを課すことで向き合うのではなく、寛容の精神で向き合う、③そして人類の英知・進歩などについて、大きなロマンが感じられる授業を実践する、とまとめることができます。

①については、すでにオランダの例などでもみたので理解できると思います。

②については、子ども本来の特性を認め、子どもの成長を支えていくということです。子どもは成長・発達の途上にあり、同じ失敗を何度も繰り返します。しかし、そうした子ども本来の特性を受容し、そこに子どもの苦悩を発見し、共感しながらその子らしい成長・発達を促すことが教師には求められます。学校とは、単に子どもたちに知識を詰め込み、学力を向上させるだけの場所ではないはずです。子どもたちどうしが生活を共にして、個人を尊重する人権意

識や社会性を身につける場所であり、大人としての教師の態度を通して人に対する愛情や信頼を培う場でもあるのです。

③については、授業などを通して、人類が過去に起きた様々な問題をいかに克服してきたか、そうした人類、社会の歴史について、子どもたちが大きなロマンを感じられるように心がけるということです。例えば、算数の数式を単に覚えさせるのではなく、それを発明した人類の英知や進歩などを子どもたちに伝えるということです。こうした人類の英知や進歩は、いじめという陰湿な性質とは対極に位置するものであり、子どもたちの可能性と希望そのものです。

こうした教育理念を、いわば学校文化の土台、すなわち「ヒドゥン・カリキュラム」として位置づけることから始めることを、私は提唱しています。「ヒドゥン(hidden)」とは「隠れた」「潜在的な」といった意味です。子どもたちは、教科などで教えられる知識や技能だけでなく、教師の態度や姿勢、子どもどうしのコミュニケーションなどを通しても多くのことを学びます。そこには、その学校が何を大切にしているかといった価値観や、学校のもつ雰囲気などが含まれています。このように、潜在的な教育効果をもたらす内容を「ヒドゥン・カリキュラム」と呼びます。

自分たちの学校の土台がどのような理念に支えられているのか、点検することが必要です。その理念が、逆にいじめを発生しやすいものになっていないか、いじめを克服できる大きな目標となっているか。そのことを問い直し、そしてつくり変えていくことが求められます。

いじめ防止実践プログラム

「人権尊重のシチズンシップ教育・愛とロマンの教育」といった高い目標を掲げた上で、いじめ問題を克服するための学校づくりとして、私は図5-1のような「学校におけるいじめ防止実践プログラム」を提唱しています。「個人への対応」「学級での対応」「学校での対応」の三つの領域と、「直接的アプローチ」「間接的アプローチ」の二つのアプローチに分けて、具体的な対策を構造的に示しています。

「直接的アプローチ」において、最も重要な視点は、子どもたちが主体となって、①いじめが発生しにくい学級・学校づくりをいかに進めるのか、②たとえ、いじめが発生しても、自分たちの力でいかに解決するのか、③それらの視点・方法・システムなどをどのように総合的に手際よく構築するのか、以上の三点です。これらについては、第4章での学校における子どもたちの取り組み事例が参考になるでしょう。子どもたち自身による研究発表、ロールプレイなど、子どもたちが楽しみながら、生き生きと活動できる創意工夫が必要です。

また、教師にとって大切な視点は、どの子にも居場所や出番のある学級づくりを実践することです。よくいわれることですが、日本における、子どもたちの自己肯定感の低さは、国際的

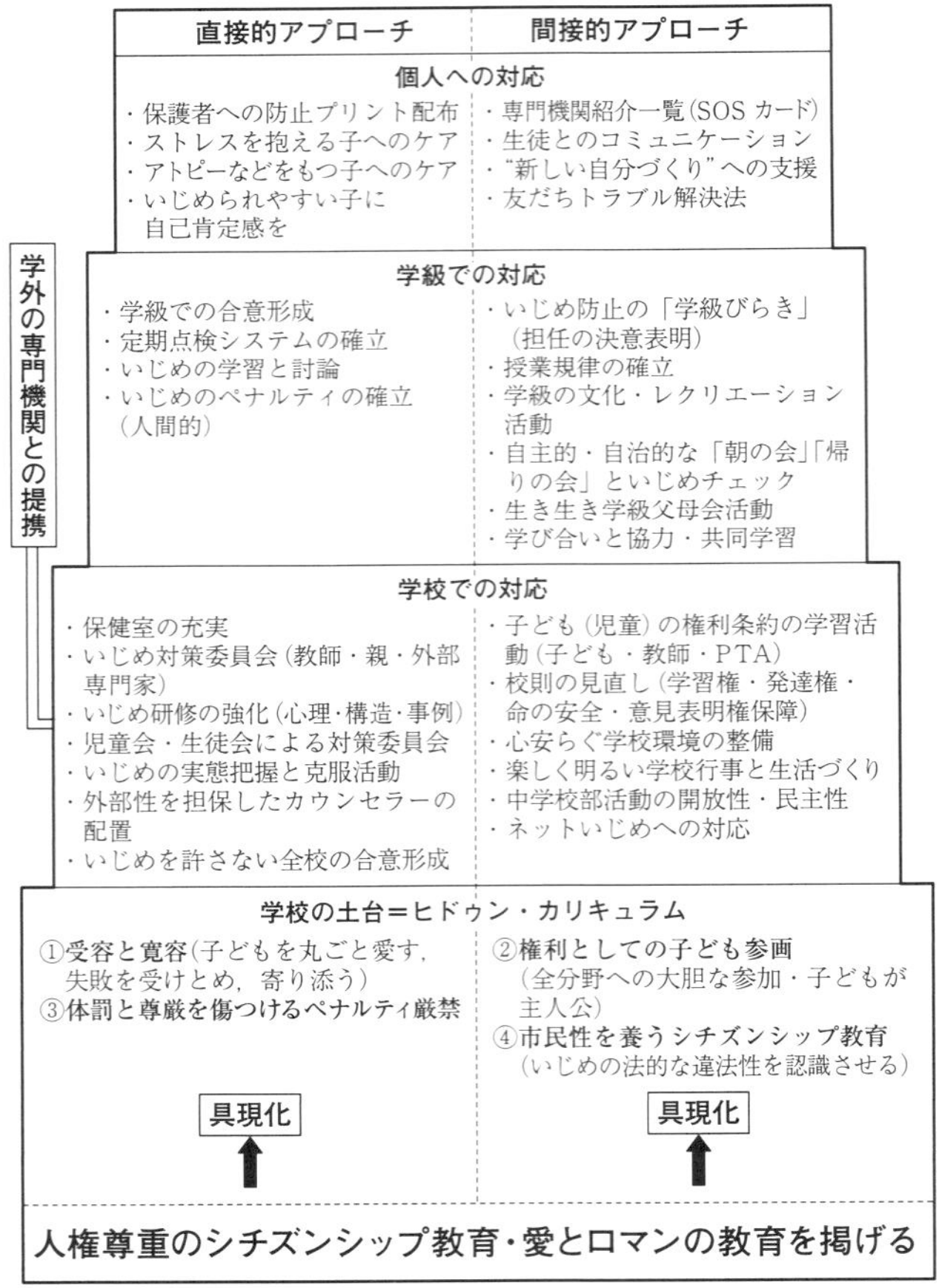
直接的アプローチ
間接的アプローチ
個人への対応
・保護者への防止プリント配布
・ストレスを抱える子へのケア
・アトピーなどをもつ子へのケア
・いじめられやすい子に自己肯定感を
・専門機関紹介一覧(SOS カード)
・生徒とのコミュニケーション
・“新しい自分づくり”への支援
・友だちトラブル解決法
学外の専門機関との提携
学級での対応
・学級での合意形成
・定期点検システムの確立
・いじめの学習と討論
・いじめのペナルティの確立(人間的)
・いじめ防止の「学級びらき」(担任の決意表明)
・授業規律の確立
・学級の文化・レクリエーション活動
・自主的・自治的な「朝の会」「帰りの会」といじめチェック
・生き生き学級父母会活動
・学び合いと協力・共同学習
学校での対応
・保健室の充実
・いじめ対策委員会(教師・親・外部専門家)
・いじめ研修の強化(心理・構造・事例)
・児童会・生徒会による対策委員会
・いじめの実態把握と克服活動
・外部性を担保したカウンセラーの配置
・いじめを許さない全校の合意形成
・子ども(児童)の権利条約の学習活動(子ども・教師・PTA)
・校則の見直し(学習権・発達権・命の安全・意見表明権保障)
・心安らぐ学校環境の整備
・楽しく明るい学校行事と生活づくり
・中学校部活動の開放性・民主性
・ネットいじめへの対応
学校の土台＝ヒドゥン・カリキュラム
①受容と寛容(子どもを丸ごと愛す，失敗を受けとめ，寄り添う)
③体罰と尊厳を傷つけるペナルティ厳禁
②権利としての子ども参画(全分野への大胆な参加・子どもが主人公)
④市民性を養うシチズンシップ教育(いじめの法的な違法性を認識させる)
具現化
具現化
人権尊重のシチズンシップ教育・愛とロマンの教育を掲げる

(著者作成)

図 5-1　学校におけるいじめ防止実践プログラムの全体像

な比較調査でもきわだっています。自己肯定感は、子どもが成長・発達していくうえで基礎的な力となるものです。いじめられている子どもは、「自分が悪いからだ」という気持ちに陥りがちです。したがっていじめを苦に自死する子どもが後を絶たないような状況においては、学校でも家庭でも、子どもたちの自己肯定感を育んでいくことが大切です。

「間接的アプローチ」では、心安らぐ学習・生活環境の整備と学級生活における規律の確立が重要なポイントとなります。厳しい校則や詰め込み授業など、子どもにとってストレスフルな環境をいかに緩和できるかということも学校の取り組みとしては重要です。

子どもたちが、これまでの自分とは異なる一歩前進した「新しい自分づくり」に挑戦できるようにサポートしていくことや、友だちとのトラブル解決法を身につけていくことは、いじめをしない「自分づくり」という課題にもつながっていきます。

「いじめ防止実践プログラム」は、あくまで全体の総合的なイメージであり、これらをすべて実践する必要はありません。このような大きな構想のもとで「学校づくり」に取り組んでいく構えが大切です。逆にいえば、こうした大きな構想を掲げることを抜きにして、対症療法でいじめ対策を進めても、結局はうまくいかないのです。それは、いじめが子どもの生き方や人間関係のあり方などに大きく関わる問題だからです。子ども自身が、いじめをしない生き方を身につけていくことこそが、究極的ないじめ克服の原点であり、展望なのです。

2　重要な「第三者」の役割

ここまで、教育や学校の役割について検証してきました。しかし、もちろん学校の中だけに任せておいても、いじめ問題の抜本的な克服はできません。特に、大津事件のように、いじめ事件が深刻な事態にまで至ってしまった場合、学校側は、被害者遺族などから責任を追及される当事者となり、公平・中立な立場で実態調査を行うことは困難です。

また、いじめは早期の段階で解決することが大切です。しかし、いじめの加害者・被害者の当事者だけでは、早期の解決が困難であることはいうまでもありません。

すなわち、いじめ問題を克服するためには、「第三者」の役割が重要となります。この場合の「第三者」とは、(1)学校以外の組織、(2)いじめの当事者でない「仲裁者」という二つの側面があります。いじめ克服における、これら「第三者」の役割の重要性についてそれぞれ論じることにします。

(1) 第三者機関という存在

第三者機関の存在の重要性

これまで、日本ではあまり重視されてきませんでしたが、いじめ対策を実践的なものにするためには、いじめ防止対策推進法の基本方針にも盛られた第三者機関あるいはオンブズマンの役割に注目する必要があります。

第三者機関の役割の重要性については、第4章でも少し触れました。実際、いじめ防止対策推進法でも、第三者機関としての役割を担うべき組織の設置についてかなり踏みこんで、公平・中立を旨とする視点などに触れています。また、大津事件でも、第三者委員会が事件後に事実関係の調査・解明を行い、市や学校、教育委員会の改革をうながしています。同様に、オンブズマンとは、議会などによって任命され、行政に関する市民の苦情や意見を聞き、行政を市民の視点で監視する独立した機関のことです。

こうした第三者機関やオンブズマンが有効に機能すれば、被害者の子どもにとっても、あるいは、教師や保護者などにとっても、心強いものとなるでしょう。

ところが、こうした機関が日本に存在していないこと、あるいは存在しても組織として不十分であることなどについて、国連子どもの権利委員会から日本政府に対して勧告が出されているのです。次項で詳しく述べますが、国連子どもの権利委員会とは、子どもの権利条約を批准した国々に対して、その条約の内容が国内においてきちんと実行されているかを監視し、必要な場合には勧告などを行う機関です。

国連子どもの権利委員会からの問題提起

国連子どもの権利委員会は、一九九八年に日本政府に提出した第一回目の勧告(「総括的所見」)で、子どもの権利の実施状況を監視するための権限をもった独立の機関が日本にないことについて懸念を表明しています。日本には、「子どもの人権専門委員」制度が、一九九四年、子どもの権利条約の批准を機につくられました。子どもの人権を保障するために子どもの人権専門委員会を設置し、権利侵害などがあった場合には、同委員会が相談や申し立てを受け、権利の救済を図る制度です。子どもの人権専門委員会は、九五年、全都道府県に設置されました。

しかし、この制度が財政面や人材面の予算計上もされておらず、また、地方自治体自らオンブズマンを設置できているのは全国一八〇〇自治体(市町村)のうちわずか一〇自治体(二〇〇六年一月現在)にすぎないのです。このように財政面の弱さや、自治体で政府から独立した機関が確立されていないことなどが、国連子どもの権利委員会から問題視されています。そして、子どもの権利専門委員制度を改善するなどして、専門的な人材と十分な財源をもち、独立性の確保された機関を創設するように勧告されています。第二回(二〇〇四年)、第三回(二〇一〇年)の総括的所見でも同様のことが指摘されています。

ちなみに、国連自由権規約委員会は、日本政府に対して、人権侵害を調査し、その申立人を救済するための制度的仕組みが日本にないことに懸念を表明しており（二〇〇八年）、子どもの人権も含めて、そもそも人権を保障する制度がきわめて不十分であることがうかがえます。

第三者機関の二つの機能

以上、子どもの人権を保障し、侵害があった場合に、救済する機関として第三者機関の重要性を検証してきましたが、では、こうした機関はどのような性質をもち、どのような役割をすべきでしょうか。

まず、第三者機関の機能については、大きく二つに分けられます。

第一に、先述したように、いじめ被害があった場合、その事実関係を調査し、被害者の子どもを救済し、人権を回復させることです。これは、第４章で述べた、可児市でつくられた「いじめ防止専門委員会」の役割を考えれば、具体的にイメージできると思います。いじめ防止専門委員会は、弁護士や臨床心理士などの専門家が委員となって、いじめ防止解決のため、学校などへ助言や支援、改善要請などを行います。

第二は、未然に防ぐ対策をしながらも、残念ながら、子どもが命を落とすなど、深刻な事態が起きてしまった際に、事後的にではあってもしっかりと事実解明を行い、学校などに改善をうながすことです。これは、大津事件の第三者委員会のような活動が想定されます。

後者の場合は、その役割だけ――すなわち特定の事件についての事実解明――に限定した機関を事件後に臨時に設けることも考えられます。大津事件の場合がまさにそうですし、それ以外の事件でも、不十分とはいえ、第三者の調査委員会がこれまで設置されてきた例はあります。

ただし、いじめに関する専門性などが求められることを考えれば、第一と第二の機能を別々の組織に求めるのではなく、それらを含めた常設の機関の設置が必要でしょう。必要に応じて、個別の事例について新たな委員を補充したり、特別の委員会を設けたりするなど、臨機応変の対応が求められますが、いずれにしても常設の機関が必要であることには変わりありません。

また、そのためにも、国連子どもの権利委員会が勧告するように、財源や人材の面でも十分な支援がなされなければならないでしょう。

独立した権限のある機関として

では、この第三者機関とは、どのような性質の組織であるべきでしょうか。

第一に、当然ながら、学校や教育委員会、行政から独立した機関であり、学校や教育委員会に対して資料の開示などを求められる権限が必要でしょう。

いじめを解決するためには、いじめの実態把握が欠かせません。そのためには、学校側が積極的に情報を提供し、いじめがあった場合には、学校と第三者機関が連携して解決していかなければなりません。しかし、それ以前の段階で、学校側が情報提供に消極的であったり、あるいは、自分たちに都合の悪い事実を隠蔽しようとすることは、これまでの事例をみてもめずらしくありません。特に、事件後の事実解明に関しては、教育委員会も学校側も被害者遺族などからの責任追及を恐れ、事実を隠蔽しがちです。

そのために、法や条例などによって、第三者機関の設置根拠や権限をしっかりと規定しておくことが必要でしょう。もっとも、学校や教育委員会などが第三者機関に対して隠蔽などを働かないように、日頃から、いじめ問題を解決するという共通の目標のもとに信頼関係、パートナーシップを築いておくことが求められます。

子どもに対する細心の配慮

第二に、子どもに対する細心の配慮が求められます。相談対応や事実調査にあたっては、被害を受けた子どもの権利の救済と同様に、その子どもの精神的なケアを与える役割も果たさなければなりません。子どもの声に寄り添い、話を聞くことがカウンセリングの効果をもたらすことにもなるからです。

このことは、被害者の子どもに限らず、それを目撃しながら、止められなかった、いわば傍観者の立場の子どもにも当てはまります。止められなかったことに対して深く後悔し、傷ついている場合が少なくないからです。特に、被害者が命を落としてしまったりした場合には、彼らの精神的な傷は相当に深刻です。だからといって、話を聞かずに蓋をすればよい、ということではありません。心理状況に配慮しつつ、話を聞くことが、むしろ子どもの精神的な負担をやわらげることになります。話してくれたことが、被害者のためになること、いじめの再発防止につながることを理解してもらい、そこに真実を伝える勇気といじめ根絶への希望をもたせることが大切です。

そのために、第三者機関を担う委員は、子どもの心理についての専門的な知識と理解、さらに子どもの権利保障について適切な知見をもっていることなどが条件とされるでしょう。

応報的ではなく、修復的な対応

第三に、その目的の主眼は、あくまでもいじめ問題の解決、再発の防止であるということです。別の見方をすれば、加害者の子どもの責任追及を主眼とするのではない、ということです。この点については、大津事件の「調査報告書」でも特筆されています。もちろん、いじめ問題の解決、再発防止のためには、加害者にきちんと自らの責任について自覚をもたせ、反省し、被害者に謝罪をさせることが必要です。しかし、単に加害者に厳罰を与えるだけでは、いじめ問題の解決、再発防止という観点からは不十分です。

いじめをする子どもは、人格が成長する途上にあり、未熟であるために、いじめの深刻さを十分に認識できていない場合が少なくありません。だからこそ、きちんと責任がとれる人格に成長させてやるべきなのです。

そのために何よりも大切なのは、いじめたことの責任の重さを自覚させることです。いじめられた子どもが、どれだけ苦痛に感じ、絶望に満ちた状況に置かれたのか。そうした心理状況をイメージし、被害者の心情に共感させ、理解させることで、自分の行為の深刻さに気づかせる。そして、自分の行為を心の底から反省し、被害者に対して心からの謝罪をさせる。そこには、専門家による時間をかけた、丁寧な対応が求められるでしょう。こうした過程を通して、被害者側も恐怖を克服し、心の傷を癒しながら自信や自尊感情を回復できるようになるのです。

少し専門的な話になりますが、こうした方法は、司法の世界では「修復的司法」と呼ばれて、実際に採用されています。これに対立する考え方としては「応報的司法」というものがあります。すなわち、加害者に対して相応の懲罰を与えることを司法の役割とする考え方です。一方、「修復的司法」とは、司法の役割をそれよりも広くとらえて、最終的に被害者と加害者の関係修復を目指すことに主眼を置いた考え方です。被害者側と加害者側の対話を通して被害者側の心の回復を目指し、加害者側に自己の行為の意味を理解させ責任をとらせる。そのうえで、当事者間の関係のみならず、事件によって傷ついた被害者と加害者のコミュニティの回復をも目指そうというものです。

こうした考え方は、日本ではまだ浸透していませんが、一九七〇年代にカナダ・オンタリオ州で被害者・加害者実践プログラムが実験的に導入されて以来、多くの国の司法において、この考え方が何らかの形で導入され、反映されているようです。

いじめの場合も同様に、被害者の権利救済、加害者の心からの反省を通じて、当事者間の関係を修復させ、被害者と加害者を学校環境に適切に戻してやることが大切でしょう。そのようにして、学校での子どもたちの関係を修復させていくことが、学校の安全・安心な環境への改善にもつながることはもちろん、いじめの再発防止にも役立つのです。

透明性と客観的な評価

第四に、いうまでもなく、活動内容についての透明性、つまり説明責任が必要です。もちろん、子どもたちの問題であるため、プライバシーに対する細心の配慮が必要です。しかし、それを確保したうえで、第三者機関は市民に対して開かれた存在でなければなりません。第3章でみたように、現在、教育委員会の多くが閉鎖的となり、そうした中で、市民意識とはずいぶん乖離した教育行政、教育改革が行われてしまっています。第三者機関も閉鎖的な組織となってしまっては、同じ轍《てつ》を踏むことになりかねません。

透明性を確保するという点でいえば、第三者機関の活動を客観的に評価する仕組みがどうしても必要です。第三者の専門家が行った対応だから問題ないだろう、ということで安易に認めてしまえば、事態が形式的に進行し、子どもの権利がなおざりにされたままになる危険性もあります。したがって、第三者機関の活動や成果を事後に評価する基準をあらかじめつくっておくことも必要です。また、事件後の事実解明という機能でいえば、しっかりと調査報告書をつくり、調査の結果を明らかにすることも必須事項です。

第三者機関の活動を評価するために、日本教育法学会、日本弁護士会、子どもの心理を専門とする精神科医の団体、臨床心理士会などの専門家団体が事前にガイドラインなどを策定しておくことも考えられるでしょう。

大津事件の第三者委員会の副委員長を務めた渡部吉泰弁護士は、その調査経験にもとづいて次の七つの項目を一つの基準として提案しています（「大津市立中学校いじめ自死事件に関する第三者委員会の活動内容と今後の第三者委員会の課題とあり方」）。とても参考になる提案なので、ここで紹介しておきましょう。

①　責任追及ではなく、事実の解明→課題の抽出→再発防止という委員会の目的が委員間の共通認識になっていたか。

②委員間で子どもの権利保障の理念が確認されているかどうか、被害者の事実を知りたいというニーズに応えようとしていたか。
③事実調査のために、調査に必要な資料収集、検討、それを踏まえた関係者からの十分な事情聴取が行われたか。
④報告書に事実の認定過程に関する説明があるか。
　例えば、いじめと自死の関係に言及されている場合に、その結論に至った根拠、理由が具体的に記述されているか。仮に、不明の場合でも、不明となった理由が記載されているかどうか、例えば、事実調査が十分だったのか、それ以外に理由があるのかなど。
⑤認定した事実を踏まえた課題の抽出作業がなされているか。
⑥各課題に対応した形で、具体的な再発防止策の提言がなされているか。
⑦その提言の実効確保の方策が取られているか。

いずれも細かく丁寧な基準ですが、それぐらいの覚悟や姿勢が第三者機関に求められるということなのです。

第三者機関を担う委員の条件

では、こうした第三者機関を担う人たち(委員)には、どのような条件が求められるでしょうか。まず、ある程度の専門性が求められるという点では、委員には弁護士など司法の専門家、臨床心理士など子どもの心についての専門家などが加わることが重要でしょう。

また、いじめのほとんどが学校関係の中で起きていることを考えれば、学校や教師などについてのしっかりとした知識のある学校臨床に詳しい立場の人も必要です。事実解明においては、学校や教育委員会と対立的な立場に立つこともあるでしょう。しかし、日頃から、学校や教育委員会とパートナーシップを結ぶことを心がけ、むしろ、対立的な立場になることを当然とするのではなく、いじめ問題の解決、再発防止のために、学校や教育委員会が積極的に第三者機関に協力できるような体制づくりを心がけておくべきです。しかも、現場を無視した改善策などはまったく実効性がありません。その意味でも、学校や教師などについて理解のある委員は不可欠です。

しかし、求められるのは、こうした専門性だけではありません。最も重要な条件は、子どもの視点に立てる人であるかどうか、です。つまり、子どもの権利保障について、しっかりとした知見をもっていることが求められるということです。いじめ問題を解決するためには、子どもの権利侵害の状況を解明することが必要ですが、それだけでなく、そうした問題を将来を生きる子どもたちの権利保障につなげていかなければなりません。子どもたちが生活する学校という場を、子どもたちが安全・安心に成長していける場にどう回復させていくか、という視点が大切です。

そして、第三者機関は、長期的な視野に立ち、こうした人材を育成していくことも求められるでしょう。例えば、司法の世界でいえば、こうした子どもの権利保障について認識し、いじめ問題について専門的な弁護士を育成していく試みなどです。

日本では、すでにみたように、いじめ問題はとかく軽視され、その定義自体も、その時々で変わってきました。そうした状況においては、共通の認識をもった、いじめ問題の専門家が育ちにくかったという背景があります。しかし、いじめ防止対策推進法も成立し、国・社会として、いじめ問題に向き合う段階に入った今日、第三者機関が中心となって、いじめ問題の専門家を養成していくことを視野に入れることも必要です。

(2)「第三者」としての「傍観者」の役割

被害者でも加害者でもない、第三者の子ども

ここまで、いじめ問題の解決のためには、子どもの立場に立つことのできる第三者機関の役割の重要性、その性質はどうあるべきか、などについて検証してきました。第三者機関だけに限らず、いじめ問題を解決するためには、被害者でも加害者でもない、「第三者」である「傍

観者」「仲裁者」の役割が重要です。そのことについて考えてみましょう。

　森田洋司氏は、いじめの構造を分析し、いじめが四層の子どもたちが絡まり合った構造のなかで起きていることを「いじめ集団の四層構造モデル」として明らかにしました（『いじめとは何か』）。いじめは、被害者と加害者の他に、いじめをはやし立てておもしろがって見ている「観衆」の子ども、さらに、見て見ぬふりをしている「傍観者」の子どもの四層構造で形成されているという見方です（図5-2）。そして、周りで見ている子どもたちの中から「仲裁者」が現れたり、直接、止めに入らなくても否定的な反応を示せば、いじめに対する抑止力になると森田氏は考えます。

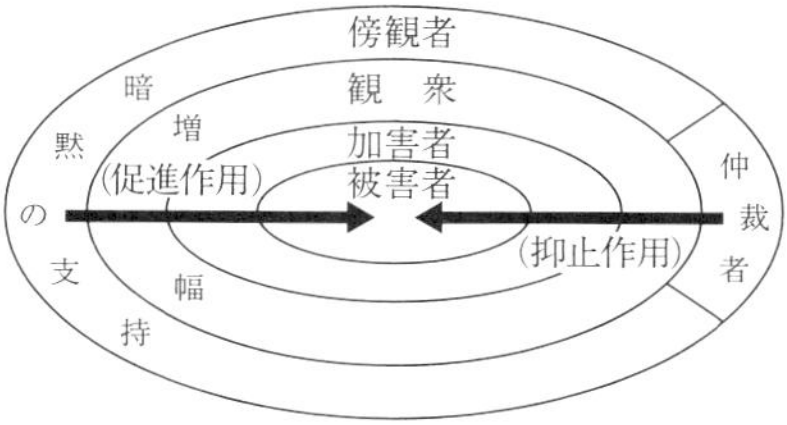

図5-2　いじめ集団の四層階層モデル
出典：森田洋司『いじめとは何か』中公新書，2010年

　実際、森田氏が調査を行った「仲裁者」の出現比率をめぐる国際比較をみてみると、調査を行った三カ国（イギリス、オランダ、日本）の中で、日本だけが、学年が上がるにつれて、一貫して「仲裁者」の出現比率が減る傾向にあります（図5-3）。イギリスでは、小学五年から中学一年までは低下傾向にありますが、中学二年以降は増加に転じます。特に中学三年では、四五・九パーセントと半数近いケースで、「仲裁者」が出現しているこ

とになります。

一方、「傍観者」の出現比率をみると、日本は学年が上がるにつれて、一貫して、比率が上がっています（図5-4）。中学三年では、六割に達するほどです。

このようにみると、日本のいじめでは、「仲裁者」が少なく、逆に「傍観者」が多いという

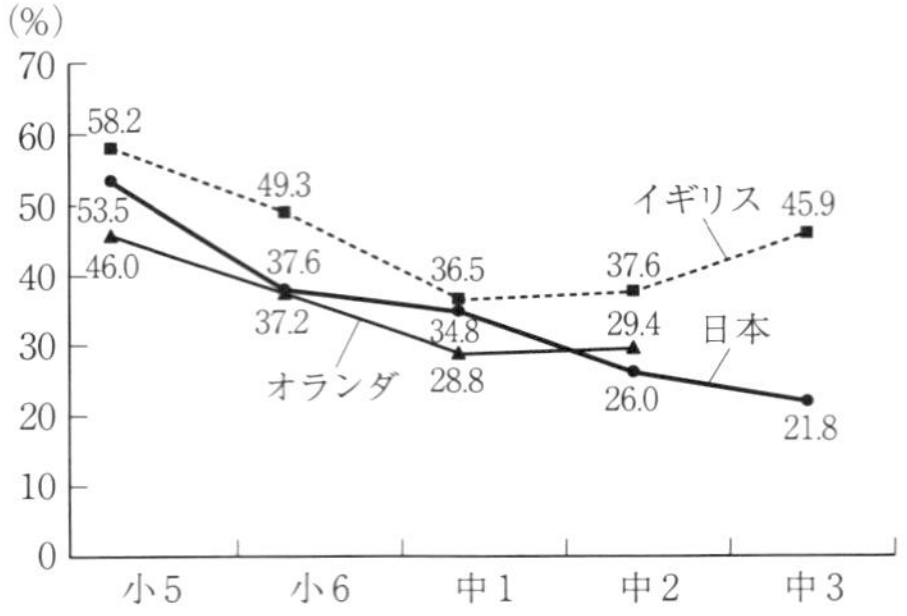

図5-3　仲裁者の出現比率の推移
出典：森田洋司『いじめとは何か』中公新書，2010年

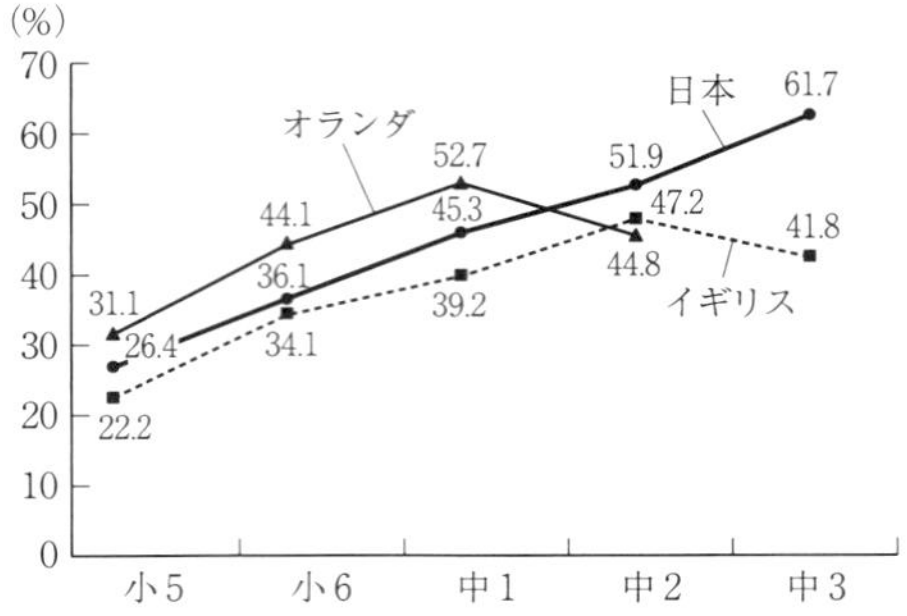

図5-4　傍観者の出現比率の推移
出典：同前

ことに、深刻化する背景の一つがあるように考えられます。逆の見方をすれば、この「傍観者」をいかに「仲裁者」に変えていくかが、いじめの深刻化を防ぐカギになると考えられるわけです。

「傍観者」から「仲裁者」への転換を

いじめの初期の段階においては、第三者の子どもが「仲裁者」となり、適切に介入することで、いじめを深刻な状態に至らせずに止めることが可能です。そして、初期の段階でいじめの芽を摘むことは、とても大切です。いじめが継続してしまうと、思春期特性でみたように、加害者の子どもは自らの感情を抑制することが難しくなり、加害行為をどんどんエスカレートさせてしまうからです。

したがって、「仲裁者」の出現を促すこと、多数の「傍観者」の子どもたちを「仲裁者」に変えていくことを、学校の中で実践していくことが必要です。

教室の中で、友だちどうしのトラブルが発生している。例えば、ちょっとした言い争いだったり、肩などを押すなどの小突きだったり。そうしたトラブルを目撃した子ども（複数であればなおよいでしょう）が、両者の間に入って、何が起きているのか、言い分を聞くなどする。そして、トラブルを解決するためには、どこを改善すればよいのか、客観的にアドバイスする。あるいは、学級会などを開いて、クラス全員で議論することなども考えられます。

ちなみに、同じく森田氏らによる「誰にいじめを止めてほしいか」を尋ねた調査によれば、子どもたちは圧倒的に友だちに止めてほしいと考えていることがわかります(図5-5)。

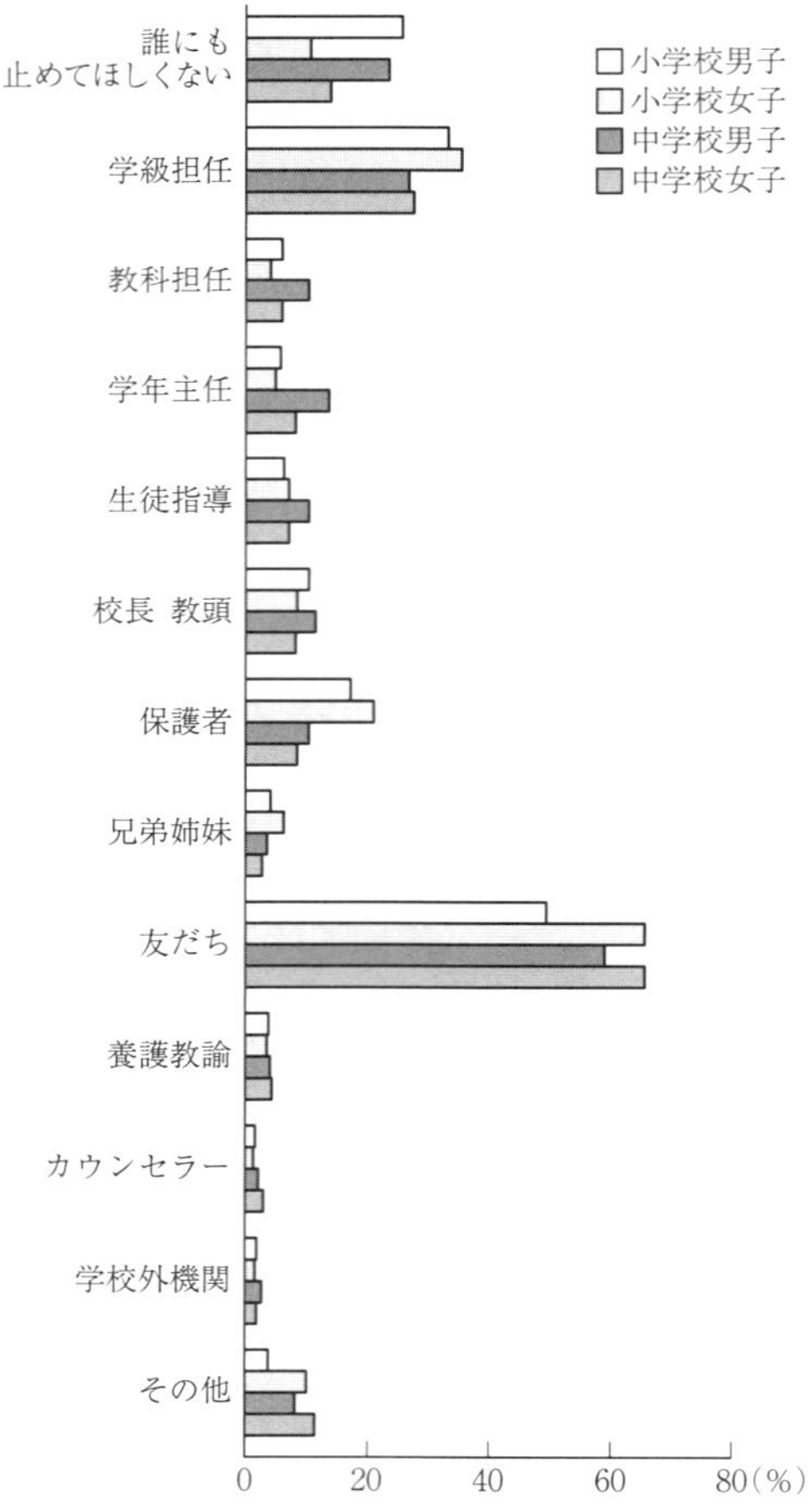

図5-5 いじめを止めてほしい人
出典：森田洋司ほか編『日本のいじめ』金子書房，1999年をもとに作成

したがって、こうしたことのできる子どもたちを意識的に育成していくことが、学校づくりのうえでとても大切です。これは、いじめを解決する役割としてだけではなく、子どもたちが人間関係のスキルを学び、成長していくうえでもとても重要だと思います。

すでにみたように、大津事件の場合、六月に入ってから急速に学級が荒れていきました。この段階でこそ、担任一人で問題を抱え込むのではなく、学年全体で学級の正常化に努め、同時に、子どもたちの間に仲裁者を育成していく必要があったのです。

カナダなどでは、子どもたちがみな主体的な第三者の役割を担えるように、ロールプレイなどを通して、実践的に学んでいる学校もあります。ある子どもは加害者の役割を、別の子どもは被害者の役割を演じ、そこに第三者はどう介入し、どう解決できるかを繰り返し演じながら学ぶ方法です。第三者の立場を育成することで、加害者の気持ちも、被害者の気持ちも、理解できるようになり、結果的に、いじめの深刻さを理解し、いじめの防止につながっていくのです。

日本の大学でも、教職課程の授業などで、ロールプレイの手法を実践しているところは少なくありません。もっとも、たとえ役割を演じるだけであっても、子どもたちにトラウマを植えつける危険性もあります。したがって、高校や小・中学校レベルで実践する場合には、細心の注意を払って行うことが求められます。

このように、いじめ問題においては「第三者」の立場の機関と人材を有効に育て、活用していくことが大切です。学校だけに任せるのではなく、また、加害者と被害者だけの閉じられた関係に終わらせない。こうした第三者の適切な介入や支援を活かしていくべきでしょう。

3　いじめを人権問題としてとらえ直す

ここまで、いじめ克服に向けた学校・教育の役割、「第三者」の意義について、具体的に検証してきました。こうした実践の土台には、いじめに対する正しい認識がなければなりません。いじめに対する誤った理解のもとに行われる実践は、いくら善意でなされても、やはり根本的な解決とはならず、むしろ問題を深刻化させる危険性さえあります。特に日本社会では、いじめに対する正しい認識が学校や社会に定着してこなかったという問題があります。したがって、本節では基本に立ち返って、いじめを根本からとらえ直してみたいと思います。

子どもに対する人権意識の低さ

これまでも、本書の中で繰り返し指摘してきましたが、いじめは重大な人権侵害です。しかし、そもそも先進国の中で、日本社会の人権に対する意識は依然として低いといわざるを得ません。例えば、企業社会に目を向ければ、長時間の過密労働など違法な勤務を強いる、いわゆる「ブラック企業」の存在、過労死や過労自殺の問題、セクハラやパワハラの横行などは、日本社会の人権意識の低さを表すものでしょう。人権とはいうまでもなく、人としての尊厳を保つための基本的な権利で、何人も侵すことができないものです。こうした近代国家として当然の権利が、近年、日本社会では軽視される傾向にあるように感じます。

しかも、子どもの人権などに関しては、さらに意識が低下しています。いじめに限らず、子どもの非行が話題になると、「子どもに人権など必要ない。社会の規範を叩きこんでやれ」などといった乱暴な意見が聞かれることもめずらしくありません。しかし、こうした日本社会の人権意識の低さ、特に子どもに対する人権感覚の鈍さが、いじめ問題の根底に横たわっているように思えてなりません。そして、このことは、子どもに対する体罰を正当化する考えにも通底しています。叩いたり、殴ったりすることで子どもにわからせようとする発想は、そもそも子どもを「一人の人格のある人間」として認めていないことと同じなのです。

人権という視点から、いじめ問題をとらえ直すと、いじめの本質とは何かを考えるうえで、重要なヒントになります。と同時に、いじめをめぐって、私たち社会の認識に欠けているものは何か、ということを考えるうえでも有効です。

こうした検証を進めるために、国際的な視点から「子どもの人権」をとらえ直してみたいと思います。最初に、根本的な視点として、世界各国が子どもの人権として認めている「子どもの権利条約」をもとに、いじめ問題を人権問題としてとらえ直して、検証してみます。そして次に、その議論をより具体的に理解するために、一九九八年にロンドン会議で発表された、「子どもの電子メディア憲章」を考察します。

子どもの権利条約を浸透させてこなかった日本

第1章でも簡単に触れましたが、子どもの権利条約(政府は「児童の権利に関する条約」と呼んでいます)は、一九八九年一一月に国連総会で採択され、九〇年一月に発効された全五四条から成る国際条約です。一八歳未満の子どもを単に保護の対象としてとらえるのではなく、権利の主体として、権利の行使に参加させるべきであるという考えに貫かれています。この条約を批准した国は、その条約の規定が実現されるように、国内において適切な立法・行政措置を講ずることが義務づけられることになります。現在、一九三カ国がこの条約を批准しています(アメリカとソマリアの二カ国が未批准)。

日本は、一九九四年五月に批准していますが、一五八番目の加盟であり、これはアメリカを除く先進国の中では最も遅い加盟です。こうした点でも、日本の意識の低さがうかがえるでしよう(ちなみにアメリカは教育の主体は州にあるために国家としては批准していないようです)。

しかも、批准後も、この条約を国内に根づかせる努力をまったく怠ってきたのです。子どもの権利条約の第四二条には「締約国は適当かつ積極的な方法でこの条約の原則及び規定を成人及び子どものいずれにも広く知らせることを約束する」とあるにもかかわらずです。すなわち、この条約の意義や内容について、子どもにも大人にも積極的に知らせて、社会に浸透させなければならないとわざわざ条文の中に義務づけられているのです。この条約の対象である子どもには、適切な情報が与えられなければ、自分たちの権利が条約で認められ保障されていること、その権利にはどのようなものがあるのか、などを知ることさえできません。したがって、それを知らしめることを条約の規定として盛り込んでいるのです。子どもの権利をうたった条約ならではの大きな特徴といえます。

しかし、権利の主体である子どもたちに、学校現場などを通して、どれだけこの条約を周知させる努力をしてきたでしょうか。また、日本の学校において、この条約が規定するように子どもを権利の主体として認め、それに基づいた教育や学校運営を行ってきたでしょうか。あるいは、それ以前に、大人の側が、この条約の存在自体をどれだけ認識しているでしょうか。子どもの人格を否定するような体罰の是非が、未だに論じられているような恥ずかしい状況は、この条約が国内においてほとんど効力を発揮していない証拠であるといっても過言ではありません。

この条約の締約国は、条約の内容を国内においてどのように実行に移してきたかについての報告書を、条約発効から二年以内に、そしてそれ以降は五年ごとに、先述した国連子どもの権利委員会に提出することが義務づけられています。一〇人の専門家で構成される国連子どもの権利委員会は、各締約国から出された報告書を審査し、それぞれの政府に対して、問題点を指摘したり、改善のための提案などを盛り込んだ「総括的所見」を出します。実際、日本で子どもの権利が軽視されていることについて、日本政府は、国連子どもの権利委員会から何度も勧告を受けているのです。

一九九八年の第一回総括的所見では、権利主体としての子どもという考え方が、社会に十分浸透していないことが指摘されています。国際条約は国内法よりも優位に位置づけられ、裁判などでも直接適用されるのに、日本の場合はそうなっていないこと、また、学校教育の中で人権教育が体系的に採用されていないこと、などが指摘されているのです。

国際社会からみた場合、日本においては、子どもの人権に対する考え方や、それに基づいた政策が、まったく不十分であるということです。

いじめに対する国連からの勧告

国連子どもの権利委員会の総括的所見では、いじめに関連する勧告も少なからず出されています。同じく第一回総括的所見では、体罰の禁止とともに、生徒間におけるいじめの事例が多数存在することへの懸念が表明され、これを防止するための措置が不十分であることが指摘されています。さらに、体罰やいじめをなくすため、学校における暴力を防止するための包括的なプログラムが考案され、その実施が綿密に監視されるようにとの勧告もなされています。

二〇〇四年に出された第二回総括的所見では、「教育制度の過度に競争的な性格が児童の心身の健全な発達に悪影響をもたらし、児童のもつ可能性の最大限の発達を妨げる」と述べ、日本の教育のあり方に問題提起をしています。そして、「いじめを含む校内暴力に効果的に取り組むための手段をとること」を求めています。

二〇一〇年の第三回総括的所見では、「高度に競争的な学校環境が、就学年齢にある児童の間で、いじめ、精神障害、不登校、中途退学、自死を助長している可能性がある」と懸念が表明されています。さらに、政府に対して、「同級生の間でのいじめと闘う努力(引用者注・生徒の自主的な取り組みなど自治の力)を強化し、及びそのような措置の策定に児童の視点を反映させるよう」に勧告しています。

このようなことを知れば、日本におけるいじめ問題への対応が、国際社会の常識に照らしても、いかにピントがずれており、遅れているのか認識できると思います。そして、これまで本書で指摘してきたように、競争主義に陥っている日本の教育にいじめを助長する要因があること、日本政府がいじめを解決する適切な対応をしていないこと、などに問題があると指摘されているのです。

生きる権利の侵害としてのいじめ

では、いじめという行為、さらには、いじめの存在が解決されずに放置されていることは、子どもの権利条約との関係でどのようにとらえられるでしょうか。つまり、子どもの権利条約という世界的に認められた人権意識の水準からみた場合、日本のいじめ問題はどのようにとらえられるのでしょうか。そのことを知るために、子どもの権利条約において、子どもの権利がどのように認められているのか、そして、いじめがその子どもの権利にどのように反しているのか、について検証していきたいと思います。

第一に、いじめというのは、子どもの生きる権利を奪い、自己決定権や健康に暮らす権利を奪うものです。

子どもの権利条約の第六条では、「1　締約国は、すべての児童が生命に対する固有の権利を有することを認める。2　締約国は、児童の生存及び発達を可能な最大限の範囲において確保する」とあります。つまり、子どもの生存権、生きる権利をうたっています。

また、第一六条では、「1　いかなる児童も、その私生活、家族、住居若しくは通信に対して恣意的に若しくは不法に干渉され又は名誉及び信用を不法に攻撃されない。2　児童は、1の干渉又は攻撃に対する法律の保護を受ける権利を有する」とあります。第三六条では「締約国は、いずれかの面において児童の福祉を害する他のすべての形態の搾取から児童を保護する」とあります。

つまり、これらの条文は、子どもが心身についての自己決定権をもち、自由にそして健康に暮らす権利があることをうたっています。

いじめというのは、人間が生きていくうえでの土台となる自己肯定感を奪うものです。そして、すでにこれまでの事件からも明らかなように、自ら命を落とすところまで子どもを追い詰めてしまうなど、生命の危険さえもたらします。自らの行動や考えについて自己決定権をもつことも、自由に健康に暮らす権利も侵害されることになるのです。

このようにいじめが、子どもにとっての生存権という基本的な権利に関わる問題であることを、まずは十分に認識する必要があるでしょう。国連子どもの権利委員会が、いじめに関して勧告しているのは、それだけ重大な問題だととらえているからです。

そして、第三九条では「締約国は、（中略）残虐な、非人道的な若しくは品位を傷つける取扱い若しくは刑罰又は武力紛争による被害者である児童の身体的及び心理的な回復及び社会復帰を促進するための全ての適当な措置をとる。このような回復及び復帰は、児童の健康、自尊心及び尊厳を育成する環境において行われる」とあります。つまり、心身に関する権利が侵害された場合、子どもの健康や尊厳を育む環境の中で、権利を回復させる措置をとらなければならないと述べているのです。

これまで、いじめ問題が軽視され、個別のいじめ事件が放置されてきたことは、こうした点でも大きな問題であり、また条約に違反しているといえるのです。

教育を受ける権利の侵害

いじめの多くは学校で発生します。いじめの関係性も同級生など学校内での人間関係がほとんどです。その意味でも、学校と教育に関する視点から、子どもの権利といじめの関係性をとらえることが重要です。すなわち、子どもの権利条約に照らした場合、第二の視点として、いじめは教育を受ける権利の侵害ととらえることができるのです。

第二八条では、「1　締約国は、教育についての児童の権利を認めるものとし、この権利を漸進的にかつ機会の平等を基礎として達成するため、特に、（中略）すべての児童に対し、教育及び職業に関する情報及び指導が利用可能であり、かつ、これらを利用する機会が与えられるものとする。（e）定期的な登校及び中途退学率の減少を奨励するための措置をとる。2　締約国は、学校の規律が児童の人間の尊厳に適合する方法で及びこの条約に従って運用されることを確保するためのすべての適当な措置をとる。（後略）」と述べています。すなわち、子どもたちの教育を受ける権利をうたっています。

いじめを受けて不登校になる、あるいは、不登校にいたらないまでも、まともに授業が受けられなくなる、といったことは少なくありません。したがって、いじめは、子どもたちの教育を受ける権利を明確に侵害する行為にもなっているのです。

ただし、すでにみたように、いじめ問題において、被害者の教育を受ける権利が侵害されていることを理由に、加害者への出席停止などを強化すべきだとする主張もありますが、これはきわめて狭い視野で子どもの人権をとらえたものであり、運用を考えるうえでも、根本的な解決を考えるうえでも、問題があることをここでも指摘しておきます。この点については、加害者の子どもへの対応という観点からも、後に触れます。

人間関係性の視点から

いじめは、何らかの人間関係が成立するところに発生する現象です。友だち、同じクラスの仲間といった濃密な関係性があるところに発生するのがいじめです。したがって、第三の視点として、人間関係、すなわちコミュニケーションに関する権利の問題としてとらえることができます。
第二九条では、「1 締約国は、児童の教育が次のことを指向すべきことに同意する。(中略)(c)児童の父母、児童の文化的同一性、言語及び価値観、児童の居住国及び出身国の国民的価値観並びに自己の文明と異なる文明に対する尊重を育成すること。(d)すべての人民の間の、種族的、国民的及び宗教的集団の間の並びに原住民である者の理解、平和、寛容、両性の平等及び友好の精神に従い、自由な社会における責任ある生活のために児童に準備させること。(後略)」とあります。

すなわち、子どもどうしの文化や性別、民族、宗教などの違いを認め、そのうえで、他者に対する理解や平和、寛容、平等、友好の精神を育む必要があり、それは、将来、子どもたちが責任をもって社会生活を営むための準備である、と述べています。そして、その準備を子どもたちにさせることが、子どもたちにとっても権利保障になるのです。

日本の学校は、一斉主義・集団主義に力点が置かれ、個としての子どもが尊重されず、そのことがいじめが発生しやすい条件をつくっていることを、第3章で指摘しました。すなわち、この条文にあるように、子どもたちがそれぞれの差異を認めるということと、方向が逆なのです。

この条文が求めていることは、違いを豊かさに、という考えであり、これは「インクルージョン（包摂）」などと呼ばれるものです。最近では、「ソーシャル・インクルージョン（社会的包摂）」という言葉も聞かれるようになりましたが、孤立したり、排除されたりしている状況を、社会として包み支え合おうという考えです。子どもの権利条約は第二条でも「締約国は、その管轄の下にある児童に対し、児童又はその父母若しくは法定保護者の人種、皮膚の色、性、言語、宗教、政治的意見その他の意見、国民的、種族的若しくは社会的出身、財産、心身障害、出生又は他の地位にかかわらず、いかなる差別もなしにこの条約に定める権利を尊重し、及び確保する」とあり、こうした子どもたちの差異を認め、支え合うことを強調しています。

最近、日本の教育でも、「コミュニケーション力」の必要性などが主張されています。しかし、その場合のコミュニケーション力とは、経済社会やIT化社会ばかりを意識したものがほとんどです。例えば、擬似的な商業活動を行わせたり、パソコンやインターネットを介した伝達方法やプレゼンテーションを行わせるようなものです。

しかし、子どもの権利条約がうたう人間関係性とは、そうした表面的なものではないことは明らかです。差異があるお互いを平等の立場として認め、そのうえで、相手の意見にどう耳を傾けるか。相手と考え方が違っていたとしても、感情的にならず、どのように自分の考えを主張していくか。こうした深いコミュニケーション力を身につけさせることを、子どもの権利条約は、子どもの権利保障として想定しているのです。

こうした点でも、教育のあり方をめぐって、国際社会と日本の意識の違いが理解できると思います。そして、人間関係性のうえに発生するいじめを克服するためには、日本の教育のあり方を根本から問い直す必要があることもうかがえるでしょう。

人権の視点から加害をとらえ直す

このように、子どもの権利条約に照らしてみた場合、いじめという行為も、そしてそれを放置する行為も、子どもの権利を著しく侵害していることになるのです。生きる権利や成長・発達する権利の侵害であり、もちろん教育を受ける権利の侵害であり、豊かな人間関係性を築く権利の侵害にもつながるのです。

では、いじめによって、子どもの権利が侵害されるような状況が起きたときに、それを回復すること、あるいは、そうした状況が起きないように事前に防止することについて、子どもの権利条約の考えに従えば、どのようになるでしょうか。

これまでみてきたように、日本の場合、ともすると加害者の厳罰化ということばかりが主張されます。大津事件でも、それを契機に警察の積極的な介入が求められる風潮があります。

例えば、先にみた教育を受ける権利は、第一次安倍政権の教育再生会議以来、いじめ対策においても度々強調されてきました。すなわち、被害者の教育を受ける権利を重要視し、それが不登校や転校を余儀なくされるなどして侵害された場合には、加害者を出席停止にしたり、懲戒を加えることなどが度々主張されてきました。これは、いじめの加害者を教室から追い出すこと、つまり「危険を取り除くこと」によって、被害者の教育を受ける権利を確保しようとするものです。こうした方法が有効でないことは、本書でも繰り返し指摘してきました。

一方、子どもの権利条約では、単なる加害者の厳罰化といった考え方をとりません。もっと、子どもの権利を大きな視点でとらえ、総合的な観点から権利の擁護と回復をとらえています。その意味でいうと、加害者の厳罰化という考え方は、加害者の側の子どもの人権という視点が欠けていることに問題があります。

加害者の子どもの人権などというと、驚く人も少なくないと思います。他の子どもの権利を侵害した子どもの人権など、なぜ認められなければならないのか。加害者に対して甘すぎるのではないか。結局、いじめを許すことにもつながるのではないか、などなど。こうした考えは、日本社会において、むしろ多数を占めているのではないでしょうか。

しかし、こうした考え方は必ずしも現実的ではないのです。加害者の子どもの人権を認めるということは、その加害行為を認めて、許すということでは決してありません。加害行為をしている子どもは、心の発達に何らかの問題があり、人間としての豊かな成長が保障されていない結果でもある、と科学的にとらえるのです。しかも、加害行為をそのまま放置させてしまうことは、加害者の子どもが、社会に出た場合、同じことを繰り返してしまう危険性もあります。そのことは、子どもが、しっかりと加害責任を負える人格的力量を備えた人間として育つことを妨げていることにもつながるのです。先にみた、第六条二項にある「子どもの発達の権利」を損なうことになるのです。

また、いじめなどの加害行為を行ってしまう子どもの事情に目を向けてみると、国連子どもの権利委員会の勧告にあるように、学校における過度な競争状況にストレスを覚えていて、その発達の歪みが、加害行為になる場合も少なくありません。学校環境だけでなく、家庭環境（例えば、親が子どもに対して日常的に暴力を振るっているような場合など）が影響していることもあります。

大津事件を振り返ってみると、加害生徒たちの行為には、確かに目に余るものがあり、犯罪行為さえも含まれていました。しかし例えば、加害生徒が「イライラして殴った」と興奮して保健の養護教諭に語ったことなどは、自分でも感情をコントロールできず、どうしてよいかわからない、という自らの状況を大人に訴えていたとみることもできます。自分の感情をコントロールできずに、暴力に走ってしまうというのは、思春期発達の歪んだ状況です。したがって、いじめの実態を知った周囲の大人が、加害行為を適切に止めることができなかった、さらにいえば、深刻な事態にいたる前に防止できなかったことは、加害生徒の思春期の発達をしっかりと保障してやれなかったとみることもできるのです。

悪いことをやっているという自覚を子どもがもっていなければ、そのことをしっかりと自覚させる。自覚しながら、加害行為を行っている子どもには、その自分の行為の問題性について気づかせる。そのようにして、子どもたちが自らの問題を乗り越えて、成長していくのを支えていく。そうした大きな視点が必要なのです。

特に、今日のいじめのように、加害者も被害者も流動的であるような状況や、いじめに加わっていなくても、多くの傍観者的な立場の子どもが存在する状況を考えれば、子ども全体の権利保障を視野に入れた対応こそ必要だと思います。

主体的な存在として

いじめ対策に限らず学校づくりや教育実践においては、子どもが主体となることが不可欠であり、そのことがシチズンシップ教育と関係していることについては、すでに述べました。実は、こうした考え方は、子どもの権利条約の理念にも合致しています。

第一二条では「１　締約国は、自己の意見を形成する能力のある児童がその児童に影響を及ぼすすべての事項について自由に自己の意見を表明する権利を確保する。この場合において、児童の意見は、その児童の年齢及び成熟度に従って相応に考慮されるものとする。（後略）」とあります。これは、子どもが意見を表明する権利をうたったものです。子どもを単に受動的な存在としてとらえるのではなく、自ら意見を表明し、社会に参画していく主体的な存在としてみるとらえ方です。

どうやったら、いじめのない学校をつくっていけるのか。自らが主体的に考え、他者と協力していくことこそが、いじめを克服する本来の道筋です。第3章でも述べましたが、「消費者」として、魅力的な学校を「選択」するのではなく、魅力的な学校を自らが他者と協力してつくっていく。そうした発想が、いじめ対策にも大切なのです。

「子どもの電子メディア憲章」に学ぶ――子ども参画・子どもの権利の視点から

次に「子どもの電子メディア憲章」について検証します。これは子どもと電子メディア（主にテレビ）との関係性について宣言したものですが、すでにみたように、子どもたちの世界にIT化が急速に浸透し、社会におけるメディアの役割が増している今日において、大切な視点を提起しています。特に、子どもの権利条約が提唱するような「子どもの権利」「子どもの尊重」が今日の社会において具体的にどのようなことを指すのか、イメージできると思います。同時に、日本社会やマスメディアが子どもを視聴者として尊重する姿勢に乏しく、子どもの権利という視点が欠けていることも理解できるでしょう。

テレビに関しては、国際的な規模ですでに「テレビと子ども」世界サミットが開かれたり、日本国内でも民放のいくつかの局では、例えば、放送局の番組制作者と視聴者の子どもたちが毎年、テレビ番組をめぐって意見交流を行う読売テレビの「こども番組審議会」や、ＢＰＯ（放送倫理・番組向上機構）が主催し、同じく毎年、番組制作者と中学生がテレビ番組について語り合うシンポジウム「中学生フォーラム」など、子ども参加、子ども主体の番組づくりへの取り組みが行われています。

一九九八年に開催された第二回「テレビと子ども」世界サミット・ロンドン会議に出席した世界各国の子どもたち約三〇人（八〜一四歳）が高らかに打ち出したのが、「子どもの電子メディア憲章」でした。それは次のような内容です。

【子どもの電子メディア憲章前文】

- 私たち、サミットの若い参加者は私たちをここに招き、世界中の子どものテレビについて私たちの意見を表明する機会を与えてくれたサミットに感謝する。
- 私たちは世界中の、あらゆる年代の子どもたちを代表している。
- 私たちは私たちの意見があまり尊重されていないと感じている。私たちは私たちが何を望んでいるか、何が必要なのかを尋ねられることがない。

● 子どもたちのためにつくられている多くの番組が子どもたちを見下している。
● 一部の番組はあまりにも多くの暴力のための暴力を含んでいる。私たちはアクションが大好きだが、それは必ずしも暴力的でなくてもいい。私たちはテレビが問題解決の答えとして暴力を奨励することを望まない。
● 一部の番組は子どもを搾取している。子どもに玩具や他の製品を売ったりするだけのためにつくられている。
● 私たちはすべての子どもがテレビで自分と同じような子どもを見ることができることを望む。どうしてテレビに出る子どもはめがねをかけていてはいけないのか。どうして太っていてはいけないのか。世界中の多くの子どもたちは、自分たちが使っている言語で話す人々をテレビで見ることが出来ない。アメリカからの番組しか見られないこともある。
● このような状況を変えるために、私たちは子どものためのこの憲章を書いた。

（訳責　ＦＣＴ市民のメディア・フォーラム）

テレビ番組について、ここでサミットに参加した子どもたちが述べている主張は、どれも納得のいくものです。

しかし、この憲章ができてからすでに一〇年以上が経過しているというのに、日本ではテレビに関してさえも、子どもの視聴者を大人の視聴者と同じように、きちんと尊重する姿勢が確立していないのです。テレビ画面の前には、二、三歳の子どもや、中高生もいるということを想定しながらカメラを回し、映像を発信していないのではないでしょうか。海外ではニュースで戦争などの残忍なシーンを放送する前に、「子どもには少し厳しい映像です」などと断りを入れるニュースキャスターたちの気づかいが感じられますが、日本ではＮＨＫですらそうしたことはなされていません。

次に憲章の条文をみてみましょう。

【子どもの電子メディア憲章】

１　テレビやラジオについて子どもたちが述べる意見は、尊重されなければならない。

２　子どものための番組制作においては子どもの意見を聞き、子どもを関与させなくてはならない。

３　子ども番組には音楽、スポーツ、ドラマ、ドキュメンタリー、ニュース、コメディーなどが含まれなければならない。

４　子どもたちには海外からの番組だけでなく自国で制作した番組がなければならない。

５　子ども番組は面白く、楽しむことができ、教育的で、相互交流できるもので、身体的発達、精神的発達を促すものでなくてはならない。
6 子ども番組は正直で現実的でなければならない。子どもは世界で何が起こっているかについて真実を知る必要がある。
7 どの年代の子どもにもその年齢にあった番組が必要であり、その番組は子どもが視聴できる時間に放送されなければならない。
8 子どもの番組はドラッグやたばこやアルコールに対して否定的でなければならない。
9 子どもは番組放送中、コマーシャルなしに番組を見ることが出来なければいけない。
10 子どものテレビには子どもを尊重する、見下したりすることのない司会者が起用されなければならない。
11 暴力のための暴力、問題解決のための暴力が奨励されてはならない。
12 テレビ制作者は視聴障害や聴覚障害を持つ子どもを含め、すべての子どもが子どものための番組を見たり聞いたり出来ることを確認しなければならない。番組はそれを見ている子どもの国の言語に翻訳されなければならない。
13 すべての子どもは自分の言語や文化をテレビで見たり、聞いたりできなければならない。
14 すべての子どもはテレビで平等に扱われなければならない。これは年齢、人種、障害を持つ者、持たない者、そしてすべての身体的外見を含む。

15　どの放送組織も子ども番組やテレビに関する問題、権利について助言する子どもたちを持たなくてはならない。

（訳責　FCT市民のメディア・フォーラム）

これらの全条文は、「子どもの最善の利益」を高らかに宣言した子どもの権利条約の精神とも見事に合致しています。子どもの人権と子どもの存在、社会参加が明確にうたわれています。また、とことん子どもの人間的な成長を保障し促す視点が貫かれています。しかも、子どもの権利条約の重要な柱の一つである「意見の表明権」の発揮ともいえます。

これは、単なる「子どもとテレビ」にかかわる問題というよりも、私たち大人と社会全体が、テレビやネット文化との関係において、どのように子どもと向き合うのかという基本的な視点と課題をすべて含んでいるといっても過言ではないように思います。

以上、国際的な視点から、子どもの人権といじめの関係について検証してきました。こうした認識を踏まえれば、いじめ問題を含めた、日本における子どもへの対応がいかに遅れており、国際社会において、子どもを主体的な存在とすることが当然の流れとなっていることが理解できると思います。こうした認識を、いじめ問題の克服において基本に据える必要があります。

4　社会全体でいじめを克服する

ここまでみてきたことからもわかるように、いじめ問題は単に子どもの問題だけではなく、社会が抱える問題としてとらえることが重要です。すなわち、学校だけに任せるのではなく、学校をとりまく社会全体として、どう克服していくのかを考えなければなりません。そうした視点を踏まえ、本章の最後に、地域社会、家庭にできることを考えてみたいと思います。

社会で変えていくために

いじめが発生しやすい学校文化をいくら改善しても、学校を取り巻く日本社会そのものが、いじめが発生しやすい社会的風土に満ちていたら、まったく意味がありません。企業におけるパワハラなど、人権侵害を放置したままでは、次世代を生きる子どもたちに、社会に対する希望や信頼、さらに未来への道筋を示すことはできないでしょう。ましてや、人格の発達がいじめの克服につながるということを、子どもたちに実感させることも不可能です。

学校におけるいじめの克服を社会全体の問題としてとらえ、「社会で変えていこう」という空気をつくっていくこと。それがもたらす効果は小さくないはずです。第1章で述べたように、かつて、いじめの第二のピーク期である一九九五年前後には、テレビや広告などで「いじめ反対」のキャンペーンが大きくなされ、社会的な気運も盛り上がりました。そして、第四のピーク期を迎え、こうした気運が再び高まりつつあります。そこには、いじめ防止対策推進法が成立・施行された効果も無視できないでしょう。

例えば、二〇一三年の夏から、NHKでは「いじめを考えるキャンペーン」としてテレビ（地上波・衛星放送）、ラジオで番組を企画し、展開を始めています。インターネット上にも特設のサイトを設けて、番組の内容や、それと連動した取り組みなどを紹介しています。私自身も『エデュカチオ！』というテレビ番組（Eテレ）内で、「尾木ママスペシャル　いじめと向き合うために」と題する特集に出演し、番組づくりにも協力しました。スタジオに約三〇人のお母さんたちを招き、実際にいじめにどう向き合うか、わが子や学校についての具体的な事例をもとに話し合いました。その他にも、『いじめをノックアウト』など、多くの番組がすでに放送されています。また、番組放送だけに限らず、各番組を通して「めざせ！　一〇〇万人の行動宣言」と題する取り組みも続けています。人気アイドルグループを「いじめノックアウト隊」として起用し、実際の行動を呼びかけたり、大人や子どもに自らの「行動宣言」を募るなどしています。

ＮＨＫに限らず、あるいはマスメディアに限らず、こうした動きが社会全体に広がっていくことが期待されます。それぞれが、いじめを自らの問題ととらえて、それぞれの場でできることを考えていく。そうすることで、いじめ問題が子どもや学校だけの問題ではなく、日本社会や家庭などにまでさかのぼるべき、根の深い問題であることが理解できると思います。だからこそ、私たち大人自身も、いじめ克服の視点と姿勢を大切にしたいのです。

地域の学校参加

いうまでもなく、子どもたちは、学校の中だけで育つのではありません。基本的には、地域社会の中で育つのであり、また子どもたちの存在が地域を活性化させることにもなるのです。「子どもの笑い声が聞こえる町は、発展する」などとよくいわれるように、子どもの存在が地域の教育力を養い、地域そのものが発展する力となるのです。

ところが、残念なことに、学校が地域から離れ、どんどん閉鎖的になっているのが、今日の状況です。いじめ問題も学校だけで抱えていては限界があります。先述した第三者機関の常設なども必要ですが、それも地域に根差し、地域によって支えられなければ、あまり意味がありません。いじめ問題を一つの契機として、改めて学校と地域の連携や、地域に開かれた学校の意義などについて問い直すことが必要です。

いじめを克服するために、学校と地域が連携するという観点でいえば、学校を支援する地域の拠点づくりを進めることが考えられます。仮に「学校支援地域本部」と呼ぶことにしますが、教師が子どもと向き合う時間を増やし、多くの子どもを見守る体制をつくることを活動の第一の目的とします。保護者だけでなく、地域の誰もが自由に参加でき、いじめを防止するための安全パトロールや、総合的な学習へのサポート、学校の環境整備といった具体的な活動ができるようにします。

子どもたちどうしの狭い関係性だけに閉じられることなく、また、学校の中だけの価値観に縛られるのでもなく、様々な関係性や価値観の中で多くの大人と交わり、社会に対する認識を深め、自ら学んでいくことは、いじめをなくすことにも有効です。なぜなら、子どもたちの視野が広がり、子どもどうしの人間関係も外部に開かれたものとなり、流動性も増すからです。その意味でも、第４章で紹介した「愛知サマーセミナー」のように学校を地域に開く試みは、貴重な実践といえるでしょう。

さらに、地域で子どもを育てているという実感は、地域に暮らす大人たちの喜びや生きがいを引き出し、地域自体の活性化にもつながっていくにちがいありません。

加害者にしない子育て——家庭が目指すこと

次に家庭にできることについて考えてみましょう。いじめ問題への対応に当たっては、家庭の役割も大切であることはいうまでもありません。家庭では、いじめ対策として、どのような点に注意を払い、子ども、あるいは学校と向き合っていくべきなのでしょうか。

いじめについての親の関心の多くは、「どうしたら自分の子どもがいじめられないか」という点に集中します。そのため、日本の家庭においては、ともすると「いじめられない子育て」に主眼が置かれる傾向があります。

しかし、加害者と被害者の流動性の高さや、いじめの日常化といった、今日のいじめの特徴を知れば、「いじめられない子育て」に努めることは、あまり意味がないことがわかります。つまり、自分の子どもを絶対にいじめられないように守り、育てることはほとんど不可能なのです。今日では、どんな子であっても、いじめられてしまう危険性があることを認識しなければなりません。

逆に、「自分の子どもがいじめの加害者にならないか」という心配をする親は、きわめて少ないのです。私の講演会に参加している親などに対して、「子どもがいじめられる心配がある人は挙手してください」と語りかけると、ほとんどの親が手を挙げます。ところが、「子どもが加害者になることを心配している人はいますか」と訊ねても、手を挙げる親はほとんどいません。つまり、ほとんどの親が「いじめの加害者にしない子育て」には気をつかっていないのです。

そのことに関連して、日本では家庭教育において、子どもが生活規律や社会のルールなどについて保護者から直接しつけられることが少ないとする調査結果もあります（文部科学省「子どもの体験活動等に関する国際比較調査」二〇〇〇年、都市部に暮らす日本の小学五年生、中学二年生とアメリカ、イギリス、ドイツ、韓国の子どもを比較）。その調査によれば、「友だちと仲良くしなさい」と父親から「言われない」と回答した子ども（小学五年生・中学二年生）は八一パーセント、同様に「うそをつかないようにしなさい」と「言われない」と回答した子どもは七一パーセントにものぼります。母親の場合でも、それぞれ七〇パーセント、六〇パーセントとなっています。あいさつについても、「ちゃんとあいさつをしなさい」と父親に言われない子どもは、七二パーセント、母親の場合も五四パーセントにのぼります。

アメリカの場合、「友だちと仲良くしなさい」と父親から「言われない」との回答が二一パーセント（母親は一七パーセント、以下同）、「うそをつかないようにしなさい」が二二パーセント（二二パーセント）、「ちゃんとあいさつをしなさい」が二七パーセント（二三パーセント）となっています。他の調査国である韓国、イギリス、ドイツなどと比較しても、日本の家庭では、子どものモラル教育が重要視されておらず、かなり意識が低いことがわかります。

いじめを止めるということは、いじめの加害者がその加害行為をやめるということです。さらにいえば、いじめをなくすということは、いじめの加害者を生まないということなのです。当然、加害者がいなければ、被害者は存在しないからです。つまり、多くの家庭で「いじめの加害者にしない子育て」を目標として実践すれば、いじめの防止にもつながっていくのです。

そのためには、まず親自身が、豊かな人権感覚を身につけなければなりません。親が体罰を行っていたり、暴言を吐いているような家庭では、子どもの人権感覚も身につかないのです。そして、家庭において「自分の子どもを、人権を踏みにじるいじめの加害者にはけっしてしない」という固い決意をもつことです。日常の家庭生活の中で「いじめは絶対に許されない」という親の考えや姿勢を、子どもたちに示していくことが必要です。

自分の子どもがいじめられたら

いじめの加害者にしないことに注意を払いつつも、逆に、自分の子どもがいじめに遭っていることが判明した場合、どうしたらよいのでしょうか。

すでにみたように、いじめ防止対策推進法が施行され、国や自治体、学校によるいじめ防止のための方針づくりや、対策・相談体制の整備が進められることも期待されますが、そのように状況が変化しつつも、親として守りたい五つの重要なポイントを示したいと思います。

①親はわが子の最大の味方であり、どんなことがあっても守り通す。

家庭は、子どもを守り、子どもに安心・安全を与える基地となる必要があります。いじめをしている加害者が絶対的に悪く、いじめられている子どもの側は少しも悪くないこと、そして「どんなことがあっても、私（親）はあなた（子ども）を守る」ということを、言葉だけでなく、態度や姿勢などでも示さなければなりません。ここで子どもに安心感と信頼感を与えられなければ、その後、いじめがエスカレートしていっても、子どもは親に失望し、口をつぐんでしまうことになりかねません。

②学校が危険なら一時の緊急避難として学校に行かないことも選択肢として考える。

何よりも、子どもの心と身体の安全が第一です。状況がひどい場合には、子どもを登校させないことも一つの選択肢です。また、今日のいじめは、家にいてもケータイなどを通して、言葉の暴力が押し寄せたりもしますので、ケータイの電源を切っておいたり、親が一時的に預かっておくことなども必要でしょう。

③共感の相槌を打ちながら、子どもから実態を聞きとる。

子どもの気持ちに寄り添いながら、「それは辛かったね」などと相槌を打ちながら、子どもの話を冷静に聞きとることが大切です。いじめの実態について情報を集めます。その際も、親が子どもの味方であることを言葉と態度で示していくことが必要です。

④ 学校に相談する。

子どもから聞いたことについて、日付やいじめ行為の内容など、できるだけ具体的なメモをつくり、事前に文章化してまとめ、それをもとに学校に相談します。感情に走らず冷静に伝えることができるからです。その場合、担任の教師への相談は不可欠ですが、校長に相談することも考えられます。いずれの場合でも、現在の学校の状況では、相談したからといって、教師が即座にいじめを解決する方向に動いてくれるとは限りません。

そこで、親の側も、学校を動かすための工夫が必要でしょう。教師に対して、「これはいじめだ」とストレートに言って、責任追及をするようなやり方は得策ではありません。「うちの子はこんな嫌な思いをしている」と具体的な現象を伝え、教師に止めさせるようお願いすることが、まずは大切です。

⑤ 学校に相談しても進展がなければ外部の専門機関に連絡・相談する。

④までの段階を実行してもなお、事態が好転しないのであれば、教育センターや弁護士、警察など外部機関に相談をすることになります。その場合にも、④と同様に、具体的な現象を伝えることが大切です。もっとも、先述した第三者機関が機能するようになれば、こうした相談の受け皿として大いに活用されることでしょう。

今日の日本社会では、とかく仕事が優先されがちです。特に職業をもっている親は多忙であり、帰宅が遅くなる人も多いでしょう。わが子と触れあう時間も少なくなり、子どもの変化に気がつきにくくなるのは当然です。ただし、わが子がいじめを受けていれば、何らかのサインがみられるはずなので、まずは、それを見落とさないように気をつける必要があります。そのためには、わが子と触れあう時間を意識的につくることが大切です。

大人社会も変わる契機に

このように、いじめ問題を克服していくためには、これまでの学校や教育のあり方、地域のあり方、子育てのあり方など、多くのことが問われることになります。その意味で、いじめ問題とは、単に子どもたちだけの問題ではなく、大人社会のありようが大きく問われているといっても過言ではありません。

当然ながら、子どもは大人の姿を見て育ちます。いま、大人の社会が子どもたちにとって魅力のあるものとなっているでしょうか。子どもたちが「自分たちも早くああいう大人になりたい」と夢や希望をもつことのできる大人像を、私たちは日常的に子どもたちに示しているでしょうか。

社会の少子化が進行するなかで、ともすると、社会の子どもに対する意識は希薄になりがちです。結婚しても子どもをもたないケースや、そもそも結婚しない場合も増えており、大人が子どもと接する機会自体が減っています。また、子どもをもっている親でも、自分の子どもだけに意識を集中させるものの、他人の子どもについては無関心である場合もめずらしくありません。こうした状況において、社会で子どもを育てるという意識は、ますます希薄になっています。

子どもは未来を切り拓く社会の宝です。二〇一〇年、ＯＥＣＤ（経済協力開発機構）は、日本の教育の質や公平性、効率性に問題があるとして、日本向けにサマリー（概略）を出していますが、そのタイトルは「教育は、未来への投資である」とされています。子どもが生き生きとできる社会。それは、大人にとっても豊かな社会であるはずです。

「大人社会にもいじめはある」などと、現状肯定をするのではなく、子どもたちが希望のもてる社会を、大人の責任として、子どもとともにつくっていくことが重要です。

いじめ問題に向き合うことを契機に、私たち大人社会を改めて点検し、子どもたちを未来を切り拓くパートナーと位置づけ、その知恵や力を借りながら、豊かな社会を築いていくことが大切なのです。

おわりに——現実に向き合う勇気

なかったことにする——。日本人は、こんなことが得意です。どんな重大なことが起きても、それを見ないようにして忘れ、元の通りに過ごす。学校でいじめが発生していても、「なかったこと」として、通常通りの授業を優先させる。生徒が自ら命を落とすような事件が起きても、「なかったこと」として、学校も教育委員会も隠蔽する。そんなことが、これまでどれだけ繰り返されてきたことでしょう。その悪弊が学校に蔓延し、いじめ問題をここまで深刻化させてきたのではないでしょうか。

二〇一一年三月一一日に東日本大震災が発生しました。巨大地震に大津波、そして原発事故をともなった未曽有の大災害です。放射能汚染による環境や食、健康への影響をはじめ、被害は現在も進行中です。ところが、震災からわずか二週間後の三月二五日、文部科学省は教育委員会など宛てに「東北地方太平洋沖地震の発生に伴う教育課程編成上の留意点について」という次のような文書を出しました。

「被災地域等の小学校及び中学校等においては、学校教育法施行規則等に定める標準授業時数を踏まえて教育課程を編成したものの災害等の不測の事態が発生した場合、当該標準授業時数を下回ることも認められること。なお、当該児童生徒が授業を十分受けることができないことによって、学習に著しい遅れが生じるような場合には、可能な限り必要な措置を講じるなど御配慮いただくこと。また、(中略)被災地域等において標準授業時数を確保するために土曜日等の休業日を活用することも考えられること(後略)」

つまり、被災地において、学校教育法が定める標準授業時数を下回ることは認めるが、土曜日など休日も利用して、できる限り標準授業時数を確保せよ、と指示したのです。あれだけの大災害が起きて、多数の死傷者を出し、津波によって学校が流されるなどして、被災地の教師も子どももどう生きていくのか途方にくれているところへ、「早く授業を元通りにしなさい」という指示が、国の教育行政を司る機関から真っ先に発せられたのです。

あれだけの大災害さえ「なかったこと」として、早く元通りにし、かつての日常を回復させることが、本当に子どもにとって、あるいは教育にとって必要なことなのでしょうか。

あの大災害を教訓として何を学ぶか、そして犠牲になった命をも引き継いで、残された者がどう生きていくか、どう未来を切り拓いていくか、などについて考えることが、結果的に子どもたちに元気を取り戻させ、多くの「学び」をもたらすことになるのではないでしょうか。

大津事件では、事件後、学校が生徒にアンケート調査を実施したにもかかわらず、学校も教育委員会も、それを放置して活かそうとしませんでした。私たちは、第三者委員会の調査の過程で、何人もの生徒たちに話を聞くことになりました。生徒は、学校の仲間が自死してしまったことに激しいショックを受け、また、自分がそのことを止められなかったことに深く傷つき、苦しんでいたのです。それでも、生徒たちは、私たちに、自分たちの知っていることを、できるだけ語ろうと勇気を奮ってくれました。「真実を語ることが、彼へのせめてもの償いです」と語る生徒や、「本当のことを聞いてくれて、ありがとうございました」と涙ながらに、私たちにお礼を言う生徒までおり、その成長した姿に同伴していた保護者も涙したほどです。

第三者委員会の報告書では、最終部分に「生徒の皆さんへ」と題して、「皆さんが勇気を奮って事実を語ったことをどうか誇りに思ってください」「皆さんが事実を語ってくれたために、それが解明の拠り所となり、今日の報告書を完成させることができました。皆さんの語った事実は、多くの教訓や再発防止策の提言につながりました」と述べています。苦しみながらも、勇気を出して真実を語ることが、亡くなった生徒への償いとなり、彼とともにこれから先の人生を生きることにつながるのです。

つらい記憶に無理に蓋をさせて、事件をなかったことのように振る舞わせるのが子どもたちにとってのケアでも、教育の目指すべき方向でもありません。

「なかったこと」などとせず、勇気をもって、子どもたちとともに「子ども参加」「子ども主体」の精神で問題に真摯に向き合うこと。それこそが、いじめ問題の克服にとって、最も重要な第一歩になるものと確信しています。

最後になりましたが、本書は、岩波書店「世界」編集部の田中宏幸氏の献身的なご尽力抜きには世に出ませんでした。心より感謝申し上げます。企画の段階から、原稿の整理・編集に至るまで精力的に仕上げて下さいました。ありがとうございました。

全国のいじめに苦しむ子どもや保護者、またいじめのトラウマに悩む大人など多くの方に、少しでも本書が役立つことを願っています。

二〇一三年一〇月

尾木直樹

主要参考文献

森田洋司監修『いじめの国際比較研究―日本・イギリス・オランダ・ノルウェーの調査分析』金子書房，2001年

森田洋司，滝充，秦政春，星野周弘，若井彌一編『日本のいじめ―予防・対応に生かすデータ集』金子書房，1999年

「大津いじめ自殺父　闘いの全記録」『文藝春秋』2013年4月号

井樋三枝子「アメリカの州におけるいじめ対策法制定の動向」『外国の立法』2012年6月

国立教育政策研究所生徒指導研究センター「いじめ追跡調査2007-2009」2010年6月

渡部吉泰「いじめ抑止・早期発見・対応上の課題といじめ防止対策推進法」『季刊教育法』178号，2013年9月

――「大津市立中学校いじめ自死事件に関する第三者委員会の活動内容と今後の第三者委員会の課題とあり方」

大津市立中学校におけるいじめに関する第三者調査委員会「調査報告書」2013年1月

主要参考文献

尾木直樹『いじめ問題とどう向き合うか』岩波ブックレット，2007 年
――『「学び」という希望―震災後の教育を考える』岩波ブックレット，2012 年
――『思春期の危機をどう見るか』岩波新書，2006 年
――『尾木ママと考える いじめのない学校といじめっ子にしない子育て』ほんの木，2012 年
――『尾木ママの「脱いじめ」論―子どもたちを守るために大人に伝えたいこと』PHP 文庫，2013 年
――『教育破綻が日本を滅ぼす！―立ち去る教師，壊れる子ども達』ベスト新書，2008 年
――『「ケータイ時代」を生きるきみへ』岩波ジュニア新書，2009 年
――「ご遺族が第三者委員会に訴えたこと」『文藝春秋』2013 年 4 月号
――「いじめ対策に何が欠けているのか―大津市いじめ事件・調査報告書が問うもの」『世界』2013 年 4 月号
――「われわれはいじめをなくすことが出来るのか」『文藝春秋オピニオン　2013 年の論点』2012 年
共同通信大阪社会部『大津中２いじめ自殺―学校はなぜ目を背けたのか』PHP 新書，2013 年
藤田英典編『誰のための「教育再生」か』岩波新書，2007 年
森田洋司『いじめとは何か―教室の問題，社会の問題』中公新書，2010 年

尾木直樹

教育評論家，法政大学名誉教授，臨床教育研究所「虹」所長．

1947年滋賀県生まれ．早稲田大学卒業後，海城高校や公立中学校などで教師として22年間，ユニークで創造的な教育実践を展開．その後，臨床教育研究所「虹」を設立し，子どもと教育などに関する調査・研究活動に取り組む．またテレビやラジオへの出演などでも活躍，「尾木ママ」の愛称で親しまれる．

著書に『子どもの危機をどう見るか』『思春期の危機をどう見るか』(以上，岩波新書)，『「学び」という希望』『いじめ問題とどう向き合うか』(以上，岩波ブックレット)，『「ケータイ時代」を生きるきみへ』(岩波ジュニア新書)，『「全国学力テスト」はなぜダメなのか』(岩波書店)，『尾木ママの「叱らない」子育て論』(主婦と生活社)，『尾木ママの「脱いじめ」論』(PHP文庫)，『尾木ママのいのちの授業』(全5巻，ポプラ社)，『尾木ママと考える！ ぼくらの新道徳1 いじめのこと』(小学館) など多数．


いじめ問題をどう克服するか　岩波新書(新赤版)1456

2013年11月20日　第1刷発行
2021年10月25日　第4刷発行

著　者　尾木直樹《おぎなおき》

発行者　坂本政謙

発行所　株式会社 岩波書店
〒101-8002 東京都千代田区一ツ橋 2-5-5
案内 03-5210-4000　営業部 03-5210-4111
https://www.iwanami.co.jp/

新書編集部 03-5210-4054
https://www.iwanami.co.jp/sin/

印刷・三陽社　カバー・半七印刷　製本・中永製本

ISBN 978-4-00-431456-1　Printed in Japan

岩波新書新赤版一〇〇〇点に際して

ひとつの時代が終わったと言われて久しい。だが、その先にいかなる時代を展望するのか、私たちはその輪郭すら描きえていない。二〇世紀から持ち越した課題の多くは、未だ解決の緒を見つけることのできないままであり、二一世紀が新たに招きよせた問題も少なくない。グローバル資本主義の浸透、憎悪の連鎖、暴力の応酬――世界は混沌として深い不安の只中にある。

現代社会においては変化が常態となり、速さと新しさに絶対的な価値が与えられた。消費社会の深化と情報技術の革命は、種々の境界を無くし、人々の生活やコミュニケーションの様式を根底から変容させてきた。ライフスタイルは多様化し、一面では個人の生き方をそれぞれが選びとる時代が始まっている。同時に、新たな格差が生まれ、様々な次元での亀裂や分断が深まっている。社会や歴史に対する意識が揺らぎ、普遍的な理念に対する根本的な懐疑や、現実を変えることへの無力感がひそかに根を張りつつある。そして生きることに誰もが困難を覚える時代が到来している。

しかし、日常生活のそれぞれの場で、自由と民主主義を獲得し実践することを通じて、私たち自身がそうした閉塞を乗り超え、希望の時代の幕開けを告げてゆくことは不可能ではあるまい。そのために、いま求められていること――それは、個と個の間で開かれた対話を積み重ねながら、人間らしく生きることの条件について一人ひとりが粘り強く思考することではないか。その営みの糧となるものが、教養に外ならないと私たちは考える。歴史とは何か、よく生きるとはいかなることか、世界そして人間はどこへ向かうべきなのか――こうした根源的な問いとの格闘が、文化と知の厚みを作り出し、個人と社会を支える基盤としての教養となった。まさにそのような教養への道案内こそ、岩波新書が創刊以来、追求してきたことである。

岩波新書は、日中戦争下の一九三八年一一月に赤版として創刊された。創刊の辞は、道義の精神に則らない日本の行動を憂慮し、批判的精神と良心的行動の欠如を戒めつつ、現代人の現代的教養を刊行の目的とする、と謳っている。以後、青版、黄版、新赤版と装いを改めながら、合計二五〇〇点余りを世に問うてきた。そして、いままた新赤版が一〇〇〇点を迎えたのを機に、人間の理性と良心への信頼を再確認し、それに裏打ちされた文化を培っていく決意を込めて、新しい装丁のもとに再出発したいと思う。一冊一冊から吹き出す新風が一人でも多くの読者の許に届くこと、そして希望ある時代への想像力を豊かにかき立てることを切に願う。

（二〇〇六年四月）

岩波新書より

教育

岩波新書/最新刊から

1886 **日韓関係史** 木宮正史 著

日韓関係はなぜここまで悪化したのか。その謎を解明するため、その歴史を北朝鮮・中国など国際環境の変容も視野にいれ徹底分析。

1887 **異文化コミュニケーション学** 鳥飼玖美子 著

価値観が多様化・複雑化する今、数多くの海外ドラマの具体的なセリフから、異文化コミュニケーションのあり方を改めて問い直す。

1888 **ネルソン・マンデラ** —分断を超える現実主義者《リアリスト》— 堀内隆行 著

アパルトヘイトと闘い、南ア大統領となったマンデラ。分断の時代に、想像を超える和解を成し遂げた現実主義者の人生を振り返る。

1889 **大岡信** 架橋する詩人 大井浩一 著

戦後を代表する詩人にして、のびやかな感性と偏りない知性で多彩な批評活動を展開した大岡。その希望のメソッドの全貌に迫る。

1890 **法医学者の使命** 「人の死を生かす」ために 吉田謙一 著

法医学者はどのように死因を判断するのか。日本の刑事司法および死因究明制度のどこが問題か。第一人者による警告の書。

1891 **死者と霊性** —近代を問い直す— 末木文美士 編

末木文美士、中島隆博、若松英輔、安藤礼二、中島岳志、眼に見えない領域をめぐり思索を続けてきた五名による白熱の討議をまとめる。

1892 **万葉集に出会う** 大谷雅夫 著

先入観なしに歌そのものとじっくり向き合えば、古代の人びとの心がたしかに見えてくる。それは、私たちの心そのものなのだ。

1893 **ユーゴスラヴィア現代史** 新版 柴宜弘 著

ユーゴ解体から三〇年。あの紛争が突きつけた重い課題は、いまも私たちの前に立ちはだかっている。ロングセラーの全面改訂版。

(2021.9)